Mosaik

Pamela Westland

DIE KÜCHE DER GRIECHISCHEN INSELN

Eine kulinarische Reise

Mosaik Verlag

FÜR ANNA

Die Originalausgabe erschien 1992 unter dem Titel
„A taste of the Greek Islands“
bei Charles Letts & Co Ltd Letts of London House,
Parkgate Road, London SW11 4 NQ

Der Mosaik Verlag ist ein Unternehmen
der Verlagsgruppe Bertelsmann

5 4 3 2 1
Übersetzung: Franca Fritz, Heinrich Koop
Redaktion: Claudia Daiber
Satz: Susanne Aßmann, München
Druck und Bindung: Regent Publishing Services Ltd., Hong Kong
Printed in Hong Kong
ISBN 3-576-10183-7

Inhalt

Einführung 7

KAPITEL 1:
Der Peloponnes und der Saronische Golf 11

KAPITEL 2:
Die Kykladen 27

KAPITEL 3:
Der Dodekanes 43

KAPITEL 4:
Kreta 59

KAPITEL 5:
Die Ostägäischen Inseln 79

KAPITEL 6:
Euböa und die Sporaden 95

KAPITEL 7:
Korfu und die Ionischen Inseln 111

Griechische Weine 129

Glossar 140

Danksagungen 141

Register 142

Einführung

Zarter, schmackhafter Tintenfisch in Rotweinsauce, den man ganz in der Nähe der prächtigen Mauern des antiken Korinth genießt; Fillopasteten mit einer saftigen Füllung aus Sahnequark und frischen Kräutern, jeden Morgen beim Bäcker von Sifnos gekauft; Thunfischsteaks mit der schärfsten aller Knoblauchsaucen, serviert in einer Taverne am Hafen von Rhodos; Milchlammkoteletts „nach Räuberart", in gebuttertem Pergamentpapier zubereitet, als Willkommensgruß zu Beginn einer langen Rundreise auf Kreta; Makkaroniauflauf mit Lammhackfleisch – *pastitsio* – bei einem Picknick am Strand von Thassos; pralle, runde Feigen, in einem Bergdorf auf Euböa direkt vom Baum gepflückt und in Honig und Wein gekocht; in *ouzo* und Puderzucker eingelegte Erdbeeren als erfrischender Höhepunkt der Osterfeiern in einem Olivenhain auf Korfu – für mich ist die Küche der griechischen Inseln untrennbar verbunden mit einer langen Reihe köstlicher Erinnerungen, mit der Geschichte, mit der Landschaft und vor allem mit der Wärme und Gastfreundschaft der Menschen.

Die Küche der griechischen Inseln steht in einer langen und stolzen Tradition. Ohne Zugeständnisse an Launen oder Modetrends, macht sie zu jeder Jahreszeit das Beste aus den Produkten des Landes und des Meeres, und seit Jahrhunderten werden mit der gleichen Sorgfalt Vorräte für die langen, harten Wintertage angelegt. Die ortseigenen Erzeugnisse – ob Fische und Meeresfrüchte, Fleisch, Wild und Geflügel oder Obst und Gemüse – sind ein fester Bestandteil in der regionalen Küche und werden auch bis zum letzten ausgeschöpft.

Artischocken sind dafür ein gutes Beispiel. Wenn Sie an endlosen Feldern entlangfahren, die von hochgewachsenen Artischockenstauden mit ihren stachligen, silbergrauen Hüllblättern nur so strotzen – wie etwa auf Kreta – können Sie sicher sein, daß man Ihnen im nächsten Ort Artischocken in allen Variationen anbieten wird. Eingelegte Artischocken (richtig, die Wintervorräte) werden sowohl zum Aperitif als auch zum Digestif gereicht, in gemischten Salaten oder als Garnierung. Junge, noch sehr zarte Artischocken werden kurz in Wein eingelegt und roh als Vorspeise serviert; reifere Artischocken werden zart und saftig gekocht, mit Hackfleisch, Garnelen oder Reis und Kräutern gefüllt – dem Einfallsreichtum der Köche sind keine Grenzen gesetzt.

Links: Ausgeprägte Strukturen und zurückhaltende Farben: die Burg von Parikia auf Paros.
Unten: Rotbarbe oder barbounia wird angelandet – ein besonders guter Fang, denn dieser Fisch ist auf den Inseln sehr begehrt .

FISCHE UND MEERESFRÜCHTE

Beim Gedanken an eine griechische Insel sehen Sie vielleicht eine typische Hafenszene vor sich: farbenfrohe Fischerboote liegen am Kai vertäut, Fischer rollen ihre Netze auf und laden Kisten voll schimmernder und glitzernder Fische aus. Oder Sie denken an das charakteristische Geräusch eines alten Lastwagens, der von Dorf zu Dorf über die ganze Insel rattert und dessen Fahrer lauthals – manchmal auch mit musikalischer Untermalung – den Kunden seine Waren anpreist, eben jene Kisten mit frischem Fisch. Vielleicht sehen Sie aber auch sich selbst, wie Sie in einem Fischerboot mit den oft feindlichen Elementen um Ihren schwer erarbeiteten Fang kämpfen, oder wie Sie – in einer etwas ruhigeren Szene – mit einer Angel an einem Steinbecken oder an einer Mole sitzen. Kein Problem! Wenn Sie kein „Selbstversorger" sind, können Sie mit Ihrem Fang in eine Taverne gehen und den Eigentümer bitten, gegen ein kleines Entgeld Ihren Fisch zuzubereiten und als Teil Ihres Essens zu servieren.

Für diejenigen, die nicht der Bruderschaft der griechischen Fischer angehören, ist ein lebenslanges Studium nötig, um die unglaubliche Vielfalt der angebotenen Fische und Meeresfrüchte zu überschauen und zu erkennen, und gerade dadurch wird das Essen in Griechenland zu einer aufregenden Erfahrung. Ich bin sicher, daß Sie an jedem Tag des Jahres eine andere Fischsorte essen könnten – Sardine oder Drachenkopf, Makrele oder Barbe – immer wieder neu zubereitet und mit anderen Saucen, ohne daß ein Gericht sich wiederholen würde.

Die von mir ausgewählten Rezepte stehen stellvertretend für die Rezepte, die Sie überall auf den griechischen Inseln finden können. Die Palette reicht vom einfachen Sardinenomelett aus Lesbos bis hin zur kunstvoll präsentierten Fischmayonnaise auf der Nachbarinsel Lemnos und von der traditionellen Fischsuppe *kakavia* aus Paros bis hin zur raffiniert zubereiteten Meerbrasse aus dem Backofen.

Sollten Sie die in den Rezepten verwendeten Fischarten bei Ihrem Fischhändler nicht bekommen, nehmen Sie statt dessen eine möglichst ähnliche Sorte oder einen anderen weißen oder öligen Fisch. Den typischen Geschmack erhalten Ihre Gerichte dann durch andere Zutaten, wie Olivenöl, Tomaten, Kräuter, Gewürze und Zitronensaft.

Das kafenion

Sie kommen nicht weit in Griechenland, ohne die wichtige kulturelle Bedeutung des *kafenion*, des griechischen Cafés, zu erkennen. Es genügen zwei wackelige Rohrstühle und ein Metalltisch auf dem Pflaster, vor einem kleinen, nur schwach beleuchteten Raum: Innerhalb kürzester Zeit werden dort zwei Passanten Platz nehmen, die einen Kaffee oder einen Ouzo bestellen und nach dem Backgammon-Brett greifen.

Das *kafenion* ist fast ausschließlich den Männern vorbehalten: Eine Art Kreuzung aus Arbeiterverein und Kneipe. Manche Gäste verbringen hier den halben Tag vor einem einzigen Glas. Im allgemeinen besuchen die Griechinnen diese männlichen Hochburgen nicht, obwohl sie für Frauen nicht tabu sind, denn durchreisende Touristinnen werden auf das Herzlichste willkommen geheißen – ich schreibe das aus jahrelanger eigener Erfahrung – und sie müssen sich nicht fehl am Platz fühlen.

Ich habe nur ein einziges Mal eine Gruppe griechischer Frauen in einem *kafenion* gesehen. Das war in Kalamitsion im Westen von Lefkas, wo das Café gleichzeitig als Amtsstube diente. Ein Beamter kam einmal in der Woche dorthin, um die Renten auszuzahlen. Bescheiden saßen Frauen in ihren typischen braunen Kleidern draußen auf den Stufen vor dem Café und gingen erst hinein, als sie aufgerufen wurden.

Häufig steht die Speisen- und Getränkekarte auf einer Tafel neben der Eingangstür, und die Auswahl ist sehr begrenzt. Man erhält Kaffee, Spirituosen und alkoholfreie Getränke, aber oft bekommt man nicht einmal ein Bier.

Zwar besitzen einige *kafenia* eine gut gefüllte Truhe mit Speiseeis, aber das bedeutet nicht, daß Sie dort auch einen Imbiß oder eine kleine Mahlzeit erwarten können. Aber ich habe oft genug einen freundlichen Inhaber erlebt, der, wenn nötig, mit einer Büchse Sardinen, einer Tomate oder einer kleinen Köstlichkeit aus der Speisekammer seiner Frau aufwarten konnte.

FLEISCH, WILD UND GEFLÜGEL

Fleisch, Wild oder Geflügel sollten Sie nie als festen Bestandteil der griechischen Inselküche voraussetzen – auch wenn Sie unzählige Male von frei umherlaufenden Schafen und Ziegen auf einsamen Bergstraßen aufgehalten werden, wenn das Gegacker ganzer Hühnerhöfe Sie frühmorgens aus dem Schlaf reißt oder Sie in der Jagdsaison Gruppen von Jägern begegnen, die gerade im *kafenion* eine Pause einlegen. Ich habe festgestellt, daß viele Einwohner ihre Tiere mit einem Respekt behandeln, der an Ehrfurcht grenzt. Diese Haltung stammt noch aus den Tagen, als religiöses Fasten wesentlich strenger eingehalten wurde als heute und Fleisch für die meisten Familien ein nahezu unerschwinglicher Luxus war. Auch heute noch kann Fleisch sehr teuer sein. Als ich auf einer der Inseln einen Hasen kaufen wollte, stellte ich fest, daß er fünfmal so teuer war wie in der Heimat – obwohl es auf der Wiese vor unserem Ferienhaus von Hasen nur so wimmelte.

Das beliebteste und preiswerteste Fleisch ist Lammfleisch: als Braten vom Spieß an Ostern, bei Hochzeiten und zu anderen festlichen Gelegenheiten; gekocht, als Eintopf mit Gemüse und Obst (etwa Zitronen oder Quitten); vom Holzkohlengrill vor vielen einladenden Tavernen; als goldbraunes, brutzelndes Gratin, mit Schichten aus Gemüse und Nudeln, Käse und Joghurt; gehackt, mit Reis gemischt als Füllung für gebackene Auberginen, Zucchini und Tomaten. Auf manchen Inseln ist Ziegenfleisch beliebter; versuchen Sie es ruhig einmal. Das Fleisch besitzt einen stärkeren Eigengeschmack als Lamm – es ähnelt Hammelfleisch – und man muß es etwas länger kochen. Sie bekommen dieses Fleisch bei einem griechischen oder moslemischen Metzger. Die Lammgerichte in diesem Buch lassen sich, wenn Sie die Kochzeiten verlängern, auch mit Ziegenfleisch zubereiten.

Ich habe den verschiedenen Zubereitungsarten von Geflügel immer besondere Aufmerksamkeit geschenkt, ob es sich dabei nun um ein altes Suppenhuhn handelte, das lange im Hof nach Körnern gescharrt hatte, oder um ein munteres junges Huhn, dessen Zubereitung keine besonderen kulinarischen Tricks erforderte. Mit Dankbarkeit erinnere ich mich an die vielen Köche, denen ich bei der Geflügelzubereitung über die Schulter schauen durfte: zarte Hähnchen, die mit knackigen Pistazien oder würzigen Oliven gekocht wurden, mit Zimt gewürzt oder in Walnußsauce serviert. Aber ich mußte erfahren, daß meine Neugier für harmonische Gewürzkombinationen und mein Geschmack nicht immer geteilt wurden. Als uns vor kurzem einige junge griechische Freunde besuchten, habe ich ihnen Brathähnchen auf englische Art zubereitet, mit einer Füllung aus Äpfeln und Rosinen und einem selbstgemachten Gelee aus roten Johannisbeeren. Ein kurzer Blick, und Georgia sagte zu mir: „Griechen essen nie Marmelade zu ihrem Fleisch, Pamela!“

OBST UND GEMÜSE

Jeder, der sein Gemüse am liebsten halbroh zu sich nimmt, wird auf den griechischen Inseln seine geistige Heimat finden – wenn er dort überhaupt Gemüse auf der Speisekarte entdeckt. Es wird mir ein ewiges Rätsel bleiben, warum so viele Tavernenwirte all ihr Können in einen perfekten griechischen Bauernsalat legen, einen *choriatiki salata* mit grünem Salat, Paprika, Gurken, Zwiebeln, Tomaten und *feta*-Käse, und auf der anderen Seite das Gemüseangebot eher dürftig ist.

Umso größer ist die Freude, wenn man dann doch Gemüse entdeckt! Mit Vergnügen denke ich an einen Salat aus jungen Saubohnen, *feta*-Käse und Zwiebelstückchen, der als *mezedakia* mittags in einem Café auf Kreta zu den Getränken serviert wurde; ich denke an kurz blanchierte Löwenzahnblätter, die nur mit etwas Olivenöl und Zitronensaft beträufelt werden und warm oder kalt ausgezeichnet schmecken; an einen gemischten Salat aus knackigen und farbenfrohen Gemüsesorten, in einer pikanten Sauce aus Zitrone und Eigelb, *avgolemono*; und an junge Okraschoten in einer mildwürzigen Tomatensauce.

Wenn man auch die Gemüsesorten auf den Inseln wie versteckte Schätze suchen muß, so kann man sich auf die Wachstums- und Erntezeiten der Obstsorten verlassen wie auf einen Kalender. Die Bedeutung des Obstanbaus für die Wirtschaft und die Küche des Landes ist offensichtlich: Eifrige Betriebsamkeit herrscht bei der Zitrusernte in der Argolis, der Ernte der schweren, grüngestreiften Wassermelonen von Eleia, der Maulbeeren auf Andros, der goldgelben Quitten von Karpathos, Granatäpfel aus Rhodos, Bananen aus Kreta, Birnen aus Ikaria, Feigen aus Euböa, Kumquats aus Korfu und des Weins, der so viele der Inseln mit seinen Farben überzieht, von sanftem Goldgelb bis tiefem Purpur. Die Inselspezialitäten, die ich beim Durchblättern meines Notizbuchs entdeckt habe und die ich gerne mit Ihnen teile, reichen von in Wein pochierten Äpfeln und Granatapfelkernen in Sirup bis hin zu gekochten Quitten in Honig.

Das Rezept für eingelegte Kumquats ist ein gutes Beispiel für den Charakter der griechischen Inselküche. Es ist ein Fruchtkonfekt, das dem Besucher als Willkommensgruß und Zeichen griechischer Gastfreundschaft angeboten wird. Dieser schlichte Brauch wird von Thassos im Norden bis nach Kreta gepflegt. Er verdeutlicht die Wärme und Gastfreundschaft der Menschen und verkörpert für mich die wahre Schönheit der griechischen Inselwelt.

KAPITEL 1

Der Peloponnes und der Saronische Golf

Was, so müßten Sie eigentlich fragen, hat der Peloponnes mit einem Buch über die griechischen Inseln zu tun? Zu meiner Verteidigung sei gesagt, daß es sich dabei um die frühere Insel Peloponnisos handelt, die man in der Antike Insel des Pelops nannte. Diese Halbinsel, deren Form einer Hand gleicht, ist vom griechischen Festland durch einen schmalen Kanal getrennt, der schon Kaiser Neros beste Ingenieure verzweifeln ließ. Heute überquert man den Kanal auf einer Brücke der Schnellstraße Athen-Korinth. Der Peloponnes umfaßt 21.500 km^2, und seine sieben Provinzen besitzen das typische „Flair" einer Insel. Man findet hier nicht nur einen faszinierenden Querschnitt der historischen und prähistorischen Entwicklung Griechenlands – Mykene, Olympia, Epidauros – sondern auch alle akustischen und visuellen Eindrücke, Weine und Speisen, die Griechenland zu bieten hat. Und einiges andere mehr.

Auf der Fahrt durch die Provinz Messenia, die Heimat der saftigen Kalamata-Olive, mußten mein Mann und ich an Euripides denken, der von einem „Land der schönen Früchte … und der reichen Weiden" sprach. Wie auf einem Schachbrett sorgfältig angeordnet, stehen die Schäferhütten auf den Feldern, die durch niedrige Mauern voneinander getrennt sind. Schafe trotten gemächlich über etwas, das man auch als Straße bezeichnen könnte, und an einem Bach wäscht eine alte Frau Wolle, die sie im eiskalten Wasser hin- und herschwenkt. Bei genauerem Hinsehen ist es aber gar keine Wolle, es sind Schafsdärme, die um das Ende eines Stocks gewickelt wurden und aus denen *kokoretsi* hergestellt werden, die hiesigen „Spare in der Zeit, so hast Du in der Not"-Würstchen am Spieß. Die Frau erklärte uns, daß sie die Würste über einem offenen Holzfeuer sehr langsam garen würde, und ich kann bezeugen, daß das Ergebnis sehr viel besser schmeckte, als es aussah.

Mani, im Süden des Peloponnes, wirkt trotz des bunten Flickenmusters aus Feldern voller Wildblumen und sonnengelber Zuckerhirse seltsam melan-

Links: Monemvasia, hingeduckt an die seewärts gerichtete Seite eines massiven Felsrückens, gehört zu den Kostbarkeiten des Peloponnes. Unten: Zitronen sind eine der wichtigsten landwirtschaftlichen Produkte Griechenlands. Sie werden in der regionalen Küche großzügig verwendet.

cholisch. Die Häuser, von denen heute einige als Schutzhütten für Tiere benutzt werden, quadratische Türme aus grauem Stein, erinnern an normannische Burgverliese.

Ein alter Mann mit einem Esel geht gemächlich vorbei, und aus den Satteltaschen schauen uns neugierig vier Zicklein an, die etwa einen Monat alt sein dürften. Ein Feld mit wildem Spargel gibt der Szenerie etwas Üppiges, und am Wegrand hält ein unbekümmerter Reisender ein ungewöhnliches Picknick: er kocht einige Spargelschößlinge auf einem Gaskocher.

Die Inseln des Saronischen Golfs formen eine Brücke von Piräus zu den Stränden der Argolis, und jede Insel hat ihren eigenen Charakter: Salamis liegt Athen am nächsten und gibt einen Vorgeschmack auf ruhige Mahlzeiten in verschlafenen Tavernen inmitten von Kiefernwäldern; Ägina besitzt den berühmten Tempel der Aphaia Athene und ist von rosafarbenen Pistazienblüten überzogen; Poros liegt direkt gegenüber der Küste des Peloponnes mit seinem Lemonodasos, einem berühmten Zitronenhain, und ist bekannt für seine luftig-leichten Krapfen, die man am besten in der Abenddämmerung genießt, wenn die Fischer in ihren *gri-gri*-Booten zum Fang hinausfahren. Hydra ist eine größtenteils unfruchtbare Insel, weitgehend ohne Autoverkehr, dafür aber mit vielen einladenden Tavernen und Cafés am Hafen und einem eleganten, wenn auch leicht verblaßten Zauber. Auf dem benachbarten Spetsai oder Spetsä sind die Konditoreien eine ständige Versuchung, und Fisch in besonders würzigen Saucen gehört zu den lokalen Spezialitäten.

* * *

DEFTIGE BOHNENSUPPE

Fasolia soupa

Wenn man die Ferien an der herrlichen Küste Messenias verbringt oder durch die fruchtbaren Ebenen streift, fällt einem kaum auf, wie hoch oben und abgelegen einige der Bergdörfer liegen und wie kalt es dort werden kann: So lernten wir den atemberaubend schönen Tempel des Apollo in Bassai – der dem Parthenon durchaus ebenbürtig ist – während eines beißenden Schneesturms kennen. Glücklicherweise war diese dicke, würzige Bohnensuppe die örtliche Spezialität.

FÜR 6 PERSONEN

4 EL Olivenöl
2 Stangen Bleichsellerie, in dicke Scheiben geschnitten
1 mittlere Zwiebel, in dicke Scheiben geschnitten
1 TL gemahlener Kreuzkümmel
100 g Tomaten aus der Dose
1 EL Tomatenmark
350 g weiße Bohnen, über Nacht eingeweicht und abgetropft
125 g gelbe Schälerbsen, gewaschen und abgetropft
1,5 l Fleischbrühe oder Wasser
1 EL Zitronensaft
Salz und schwarzer Pfeffer
2 EL gehackte Petersilie

Das Olivenöl in einem großen Topf erhitzen. Den Sellerie und die Zwiebel bei mittlerer Hitze darin anbraten, bis die Zwiebelscheiben glasig sind. Den Kreuzkümmel einrühren und 1 Minute lang kochen lassen. Die Tomaten, das Tomatenmark, die weißen Bohnen und die Erbsen dazugeben und gut umrühren. Fleischbrühe oder Wasser zugießen und den Topfdeckel auflegen.

Nun das Ganze aufkochen und mindestens 10 Minuten sprudelnd kochen lassen. Sich bildenden Schaum abschöpfen. Die Suppe bei schwacher Hitze 1 – $1\frac{1}{4}$ Stunden kochen lassen, bis die Bohnen weich sind und die Erbsen die Suppe angedickt haben.

Den Zitronensaft hinzugeben. Mit Zitronensaft, Salz und Pfeffer würzen und mit die Petersilie bestreuen.

TINTENFISCH IN ROTWEIN

Chtapodi krasato

Nachdem wir den ganzen Morgen inmitten der archäologischen Pracht des antiken Korinth und umgeben von eindrucksvollen Felsgipfeln, Weinranken, Oleander-, Mandel- und Zitrusbäumen verbracht hatten, war es Zeit zum Mittagessen. Ein paar Gassen weiter, nach einem Schwätzchen mit einer Frau, die ihre Aufmerksamkeit zwischen ihrem Regenschirm, ihrer Häkelarbeit und ihrer Ziege aufteilen mußte, kamen wir zu einer Taverne, deren Wirt mit entschuldigender Miene nur ein Tagesgericht anbieten konnte. Es war das folgende.

FÜR 4 – 6 PERSONEN
1 kg junger Tintenfisch
8 EL Olivenöl
350 g kleine Zwiebeln oder Schalotten
0,15 l Rotwein
6 EL Rotweinessig
225 g Tomaten aus der Dose, grob zerkleinert
2 EL Tomatenmark
4 Lorbeerblätter
2 TL getrockneter Oregano
schwarzer Pfeffer
2 EL frisch gehackte Petersilie

Den Tintenfisch gründlich waschen. Die Fangarme auseinanderziehen und die Eingeweide, den Tintensack, die Augen und den Schnorchel herausschneiden. Den Tintenfisch häuten und gründlich auswaschen, bis aller Sand entfernt ist, dann in 4 – 5 cm lange Stücke schneiden. Die Stücke in einen Topf geben und bei mittlerer Hitze unter ständigem Rühren garen, bis alle Flüssigkeit verdunstet ist.

Das Olivenöl darüber gießen und den Tintenfisch umrühren, bis das Fleisch von allen Seiten von dem Öl benetzt ist. Die geschälten Zwiebeln oder Schalotten hinzugeben und leicht andünsten lassen.

Nun den Wein, den Essig, die Tomaten, das Tomatenmark, den Oregano und die Lorbeerblätter in den Topf geben und mit einigen Prisen Pfeffer würzen. Das Ganze gut umrühren, und im geschlossenen Topf bei schwacher Hitze 1 – 1¼ Stunden garen lassen; dabei immer darauf achten, daß die Sauce nicht ganz verdunstet. Sollte dies der Fall sein, etwas Wein oder Wasser dazugeben und die Hitze reduzieren. Der Tintenfisch ist gar, wenn man ihn mit einem Fleischspieß oder einer Gabel mühelos einstechen kann.

Die Sauce sollte sämig sein wie eine flüssige Paste. Wenn sich zuviel Flüssigkeit absetzt, den Deckel abnehmen, die Temperatur erhöhen und solange umrühren, bis die Sauce andickt. Die Lorbeerblätter entfernen, die Sauce abschmecken und die Petersilie unterrühren.

Je nach Wunsch mit Reis oder Salat servieren. In Griechenland gehört unbedingt Bauernbrot dazu, um die Sauce aufzutunken.

GEFÜLLTE WEINBLÄTTER

Dolmadakia me rizi

In der gebirgigen Gegend um Korinth ist die Erde gelb und sehr trocken: die besten Bedingungen für den Anbau von Reben, die kilometerweit die Farben der Landschaft bestimmen. Ein Teil der Ernte geht an Weinkellereien, die daraus den berühmten Nemea-Wein keltern – auch bekannt als „Herakles" – aber der weitaus größere Teil der Ernte trocknet an den Rebstöcken zu dichten Büscheln sonnenreifer Korinthen, die schon seit Jahrhunderten der Hauptexportartikel dieser Region sind.

In dieser traditionellen *meze* – oder Vorspeise – werden Korinthen auf besonders schmackhafte Weise verwendet.

FÜR ETWA 30 STÜCK
4 EL Olivenöl
2 mittelgroße Zwiebeln, fein gehackt
50 g Langkornreis, gewaschen und abgetropft
Saft von 2 Zitronen
1 EL Honig
Salz
schwarzer Pfeffer
2 EL Korinthen
1 EL Pinienkerne
400 g Weinblätter aus der Dose, gewaschen, abgetropft und getrocknet. (Wenn Sie frische Weinblätter benutzen, blanchieren Sie diese 1 Minute lang in kochendem Wasser.)

In einer großen Bratpfanne 3 Eßlöffel Olivenöl erhitzen und die Zwiebeln darin glasig dünsten. Den Reis dazugeben und durchrühren, bis die Körner mit Öl überzogen sind. 0,15 Liter Wasser, den Saft von 1 Zitrone und den Honig in den Topf geben und mit Salz und Pfeffer abschmecken. Gut umrühren und im geschlossenen Topf 15 – 20 Minuten bei schwacher Hitze leise köcheln lassen, bis der Reis gar ist und die Flüssigkeit aufgenommen hat. Wenn sich beim Kochen zuviel Flüssigkeit absetzt, den Deckel abnehmen und die Temperatur leicht erhöhen, bis die Flüssigkeit verdunstet ist.

Die Korinthen und die Pinienkerne unterrühren, die Füllung in eine Schüssel geben und abkühlen lassen.

Die Pfanne reinigen; den Boden der Pfanne mit 5 oder 6 Weinblättern auslegen.

Die restlichen Weinblätter mit der glänzenden Seite nach unten auf einer Arbeitsfläche ausbreiten. Auf jedes Weinblatt 1 Teelöffel Füllung geben. Die Blattränder über der Füllung einschlagen und jedes Blatt in Richtung Blattspitze zusammenrollen. Die gefüllten Weinblätter mit der Nahtstelle nach unten nebeneinander in die Pfanne legen.

Das restliche Öl und den restlichen Zitronensaft mit 6 Eßlöffel Wasser vermischen und über die Weinblätter gießen. Die Weinblätter in der geschlossenen Pfanne etwa 45 Minuten köcheln lassen. Eventuell noch etwas Wasser nachgießen.

Den Deckel abnehmen und die Weinblätter abkühlen lassen.

Mit etwas Joghurt als Vorspeise oder als kleinen Imbiß zu alkoholischen Getränken reichen.

LANGUSTE IN ZITRONEN-ÖL-DRESSING

Astakos me saltsa ladolemono

Der hufeisenförmige Hafen von Hydra mit seiner Kulisse aus eleganten, aber weitgehend unbewohnten Kapitänshäusern bildet den perfekten Rahmen für den Genuß der luxuriösesten aller Urlaubsspeisen: Languste – auch wenn so etwas auf dieser Insel eher zum Alltäglichen gehört.

Damit das Gericht sein ganzes Aroma entfaltet, müssen Sie die Langusten nicht einfach nur in Wasser, sondern in einem gut gewürzten Fond kochen.

FÜR 2 PERSONEN
1 Languste von etwa 1 kg
0,1 l Olivenöl
3 EL Zitronensaft
eine Prise Senfpulver
Salz
schwarzer Pfeffer
2 TL gehackte Petersilie
Zitronenspalten zum Garnieren

BOUILLON
3 Stangen Bleichsellerie, in dicke Scheiben geschnitten
2 mittelgroße Möhren, in dicke Scheiben geschnitten
1 mittelgroße Zwiebel, geviertelt
2 große Knoblauchzehen, in Scheiben geschnitten
1 Zitrone, geviertelt
Salz
schwarzer Pfeffer

Die Zutaten für die Bouillon und die Languste in einen großen Topf geben und mit Wasser auffüllen, bis alle Zutaten bedeckt sind. Das Ganze kurz aufkochen und im geschlossenen Topf bei mittlerer Hitze 25 – 30 Minuten leise kochen lassen. Vom Herd nehmen und die Bouillon in einen anderen Topf abschütten – sie ergibt einen perfekten Fond – und die Languste beiseite stellen und abkühlen lassen.

Die Languste der Länge nach aufschneiden. Vorsichtig den Magen, die Kiemen und den Darm (am Schwanz) entfernen, dann die Languste gründlich auswaschen und abtrocknen. Das Fleisch mit einem feinen Spieß überall einstechen, damit das Dressing einziehen kann.

Öl, Zitronensaft und Senfpulver miteinander verrühren und mit Salz und Pfeffer abschmecken.

Die Languste mit der Panzerseite nach oben bei mittlerer Hitze 3 – 4 Minuten grillen. Danach die Languste umdrehen, das Fleisch großzügig mit der Zitronen-Öl-Mischung bestreichen und weitere 8 – 10 Minuten grillen; dabei regelmäßig mit dem Dressing bestreichen.

Nun die Languste mit Petersilie bestreuen, mit Zitronenspalten garnieren und heiß servieren.

Die traditionellen Beilagen zu diesem Gericht sind ein frischer gemischter Salat und dicke Scheiben Bauernbrot.

Seite 14/15: Gefüllte Weinblätter; Rezept auf Seite 13

LAMMFLEISCH MIT ZITRONE

Arni lemonato

Sobald ich Kalavrita betrat, eine Gebirgsstadt im Norden des Peloponnes, führte mich meine gut trainierte Nase auf direktem Weg in eine Seitenstraße und dort in eine Bäckerei: Die Regale voller duftender Landbrote schienen von der jahrhundertealten stolzen Backtradition dieser Region zu berichten. Der gleiche Instinkt brachte mich ein paar Türen weiter zu einer entzückenden Wirtin, die genau in diesem Moment damit beschäftigt war, ein pikantes und ungewöhnliches Lammgericht zu kochen.

FÜR 4 PERSONEN
5 EL Olivenöl
1 kg Lammfleisch (Schulter), in Würfel geschnitten
2 mittelgroße Zwiebeln, in Scheiben geschnitten
2 TL getrockneter Oregano
0,3 l leichte Brühe oder Wasser
2 unbehandelte Zitronen, geviertelt
Saft von 1 Zitrone
Salz
schwarzer Pfeffer
40 g Butter
175 g Pilze, halbiert oder in Scheiben geschnitten
1 EL gehackte Petersilie
Zitronenspalten zum Garnieren (nach Wunsch)

Das Öl in einen weiten Topf geben und das Fleisch darin bei mittlerer Hitze und unter ständigem Rühren anbraten. Das Fleisch mit einem Schaumlöffel herausnehmen. Die Zwiebeln in den Topf geben und glasig anschwitzen.

Das Fleisch wieder in den Topf geben, den Oregano einrühren und mit Brühe oder Wasser ablöschen. Nun die geviertelten Zitronen und den Zitronensaft in den Topf geben und mit Salz und Pfeffer abschmecken.

Das Fleisch im geschlossenen Topf bei schwacher Hitze $1^1/_4$ – $1^1/_2$ Stunden garen, bis es mürbe ist.

Kurz vor Ende der Garzeit die Butter in einem kleinen Topf schmelzen und die Pilze darin bei mittlerer Hitze 3 – 4 Minuten dünsten.

Die geviertelten Zitronen aus dem Topf nehmen und die Pilze hineingeben. Weitere 5 – 10 Minuten leise kochen lassen, damit sich die Saucen miteinander verbinden. Danach abschmecken, mit Petersilie bestreuen und, nach Wunsch, mit Zitronenspalten garniert servieren.

Das Lammfleisch wurde mit einer großen Schüssel gekochter fester Kartoffeln serviert, die geschält und der Länge nach geviertelt waren. Dazu gab es einen mit Sesam bestreuten Brotzopf.

ROTBARBE MIT EI-ZITRONEN-SAUCE

Barbounia avgolemono

Die Rotbarbe, ein korallenroter Fisch mit glänzenden Schuppen, wird in ganz Griechenland angeboten. Rotbarbe ist ein nicht ganz billiges Festessen, in dessen Genuß Besucher häufig kommen. Allerdings ist die Freude nicht immer ganz ungeteilt, wie ich selbst zu meinem Unbehagen feststellen mußte , vor allem dann, wenn man aufgefordert wird, den Fisch wie ein Fischer zu essen: an einem Stück, mit allen Gräten, Schuppen und dem Kopf zuerst!

Wesentlich eleganter servierte man uns die Rotbarbe kurz vor Monemvassia, einer beinahe ausgestorbenen byzantinischen Stadt, die im Schutz eines felsigen Vorgebirges an der Ostküste Lakonias liegt.

FÜR 4 PERSONEN
Mehl zum Wenden
Salz
schwarzer Pfeffer
1 TL getrockneter Thymian
4 Rotbarben, ausgenommen, gewaschen und getrocknet
Olivenöl
Zitronenspalten zum Garnieren

SAUCE
0,3 l Fischfond
1 EL Speisestärke
2 Eigelb
2 EL Zitronensaft
Salz
schwarzer Pfeffer

FISCHFOND
etwa 350 g Fischkarkassen (Köpfe, Schwänze und Flossen)
1 mittelgroße Zwiebel, geviertelt
1 mittelgroße Möhre, geviertelt
1 Stange Bleichsellerie, in dicke Scheiben geschnitten
2 Stengel Petersilie

Den Fond vorbereiten: Die Karkassen waschen und mit den anderen Zutaten und 0,6 Liter Wasser in einen Topf geben, aufkochen und sich bildenden Schaum abschöpfen. Im geschlossenen Topf bei geringer Hitze etwa 45 Minuten leise köcheln lassen. Den Fond durch ein Sieb passieren. (Sie können natürlich größere Mengen vorbereiten und für den späteren Gebrauch einfrieren.)

Die Sauce vorbereiten: 0,3 Liter Fond in einen Topf gießen und bis kurz vor den Siedepunkt erhitzen. Die Speisestärke mit etwas kaltem Wasser zu einem sämigen Brei verrühren, ein wenig von dem heißen Fond dazugeben. Den Fond mit der angerührten Speisestärke binden und unter ständigem Rühren 5 – 10 Minuten köcheln lassen, bis die Sauce andickt.

Das Eigelb und den Zitronensaft in einer Schüssel verquirlen. Ein wenig Sauce darunterziehen, dann die Eigelbmischung in die Sauce einrühren. Die Sauce darf jetzt nicht mehr kochen – die Eier würden sonst gerinnen. Mit Salz und Pfeffer würzen. Die Sauce auf kleiner Flamme unter ständigem Rühren eindicken lassen, bis sie den Löffel wie eine leichte Creme überzieht.

Legen Sie ein Stück Butterbrotpapier auf die Sauce und halten Sie sie warm, während Sie den Fisch zubereiten.

Das Mehl mit Salz, Pfeffer und Thymian mischen. Die Fische darin wenden und abklopfen. In einer großen Bratpfanne mit einem dicken, ebenen Boden das Öl erhitzen.

Den Fisch von jeder Seite 3 – 4 Minuten braten, bis die Panade goldbraun und das Fleisch durch ist. Mit den Zitronenspalten garnieren und heiß servieren – auch wenn das nicht typisch griechisch ist. Die Sauce separat dazu reichen.

Ganz oben: Turmhoch über ihre Nachbarn erheben sich die markanten Steinhäuser von Mani, einer Stadt im Südwesten des Peloponnes. Oben: Das Boot mit Wassermelonen bietet seine Ware auf allen Inseln an, hier auf Ägina. Man kann die roten Melonenscheiben an vielen Straßenständen kaufen. Rechts: Meerbrasse aus dem Backofen; Rezept auf Seite 20.

MEERBRASSE AUS DEM BACKOFEN

Sinagrida sto fourno

Spetsä war in der Antike als die „Pinieninsel" bekannt – zu Recht, denn etwa zwei Drittel der Insel sind mit dieser blaugrün schimmernden Baumart bewachsen. Gerade diese Bäume lassen jeden Weinkenner auf einen besonders guten Retsina hoffen, und der gut gekühlte, trockene, bernsteinfarbene Wein ist ein ausgezeichneter Begleiter zur kulinarischen Spezialität der Insel, einem gebackenen Fisch in kräftiger Kräutersauce.

FÜR 6 PERSONEN

1 Meerbrasse oder ein anderer ganzer Fisch von 1,5 kg, geputzt, ausgenommen und gewaschen
Saft von 1 Zitrone
Salz
schwarzer Pfeffer
2 Zweige Rosmarin
0,1 l Olivenöl
1 mittelgroße Zwiebel, gehackt
2 Knoblauchzehen, fein gehackt
225 g Tomaten aus der Dose, gehackt
2 EL Tomatenmark
0,1 l Weißwein
2 EL Weißweinessig
4 EL gehackte Petersilie
8 EL Semmelbrösel
75 g feta-Käse, gerieben

Den Fisch innen und außen mit Zitronensaft beträufeln und mit Salz und Pfeffer würzen. Die Rosmarinzweige in den Fisch stecken.

Etwa 4 EL Öl in einen Topf geben und die Zwiebel darin bei mittlerer Hitze glasig dünsten. Das restliche Öl, den Knoblauch, die Tomaten, das Tomatenmark, Wein, Essig und Petersilie dazugeben und gut verrühren. Die Sauce abschmecken und zum Kochen bringen.

Die Hälfte der Sauce in eine flache Form oder Bratpfanne gießen und den Fisch hineinlegen. Mit der restlichen Sauce begießen und mit den Semmelbröseln bestreuen.

Die offene Bratpfanne oder Form in den Backofen schieben und den Fisch bei 190°C 35 – 40 Minuten garen.

Kurz vor dem Servieren mit dem geriebenen Käse bestreuen.

GEGRILLTES HUHN MIT PISTAZIEN

Kotopoulo yemisto me fistikia

Das schnellste Transportmittel nach Ägina ist das Tragflächenboot: es benötigt gerade 35 Minuten vom Festland über den Saronischen Golf. Das unvergeßlichste allerdings ist ein *kaiki*, in dem die Passagiere um die wenigen freien Plätze kämpfen und an Lautstärke den Unmengen von Hühnern in ihren Kisten in nichts nachstehen.

Zur Zeit der Pistazienblüte – Pistazien sind das wichtigste landwirtschaftliche Erzeugnis der Insel – ist Ägina der Traum eines jeden Landschaftsmalers.

Das folgende Gericht wurde uns in einem weitab gelegenen Bauernhaus serviert, und es verbindet die oben genannten Eindrücke auf das beste.

FÜR 6 PERSONEN

1 Poularde, etwa 1,5 – 2 kg, küchenfertig zubereitet
Saft von 2 Zitronen
Salz
schwarzer Pfeffer
750 g Kartoffeln, längs geviertelt
0,1 l Olivenöl
1 EL getrockneter Thymian
Zitronenspalten zum Garnieren

FÜLLUNG

4 EL Olivenöl
1 mittelgroße Zwiebel, gehackt
75 g Langkornreis, gewaschen und abgetropft
0,2 l heißes Wasser
100 g Pistazien, gehackt
abgeriebene Schale und Saft von 1 unbehandelten Zitrone
Salz
schwarzer Pfeffer
2 TL getrockneter Thymian

Für die Füllung das Olivenöl in einem Topf erhitzen und die Zwiebel darin bei mittlerer Hitze glasig dünsten. Den Reis unterrrühren. Das Wasser dazugießen, gut umrühren und 5 – 8 Minuten leise köcheln lassen, bis der Reis weich wird. Wenn nötig ein wenig heißes Wasser nachgießen.

Den Topf vom Herd nehmen und die Pistazien, die geriebene Zitronenschale und den -saft dazugeben. Die Füllung durchrühren und mit Salz, Pfeffer und Thymian abschmecken. (Unsere Gastgeberin verwendete getrocknete Thymianblüten, die ein unvergleichliches Aroma besitzen, aber nur in Griechenland erhältlich sind.) Erkalten lassen. Den Backofen auf 200°C vorheizen.

Die Poularde innen und außen waschen und abtrocknen. Die Poularde mit der kalten Masse füllen, die Öffnung mit einem Spießchen verschließen oder zunähen. Die Poularde mit Zitronensaft einreiben, mit Salz und Pfeffer würzen und in einen Bräter legen. Die Kartoffeln rund um die Poularde verteilen, das Ganze mit Olivenöl beträufeln und mit Thymian bestreuen – auch hier verwendete unsere Gastgeberin Thymianblüten. 0,15 Liter Wasser in den Bräter gießen, die Kartoffeln mit Salz und Pfeffer würzen.

Die Poularde in den Backofen (unten) schieben und etwa 1½ Stunden braten. Während dieser Zeit einmal umdrehen und die Kartoffeln mehrmals mit dem Bratensud beschöpfen. So können Sie prüfen, ob die Poularde gar ist: Ein Spießchen in den dicken Teil eines Schenkels stechen. Ist der austretende Saft klar und nicht rosig, so ist die Poularde gar.

Das Huhn mit Kartoffeln und Zitronenspalten garnieren und auf einem vorgewärmten Teller servieren. Dazu schmeckt Spinat, kurz in Öl und Zitronensaft gekocht.

Die Bäckerei

Man kann die Bedeutung der Bäckerei für die griechische Kultur in einem Wort zusammenfassen: Fournos heißt sowohl Backhaus als auch Backofen, und in vielen griechischen Dörfern wird auch heute noch der Ofen des Bäckers von jedem Haushalt des Dorfs benutzt. Eine Frau, die vom Bäcker kommt und ein Tablett auf dem Kopf trägt, darauf ein Grillhähnchen mit Gartengemüsen, ein Lamm- oder Ziegenragout mit Tomaten, einen Berg gefüllter Gemüse oder einige Brotlaibe für die Familie – dieser Anblick ist ebenso faszinierend wie alltäglich.

Bäcker müssen also auch vielseitige Köche sein. Zwar bekommen sie klare Anweisungen, aber letztlich bleibt es ihnen überlassen, wann sie das Fleisch drehen und mit Bratensaft übergießen, wann sie die Gemüse hinzugeben oder wieviel Wasser – meist Regenwasser – sie in den Topf gießen.

Die meisten griechischen Brotsorten sind kräftig, sehr schwer (wogegen ich absolut nichts einzuwenden habe) und cremefarben, was auf die Verwendung von ungebleichtem Mehl zurückzuführen ist. Der Kreis ist eine der bekanntesten Brotformen, der Standardbrotlaib sozusagen, der zur Mitte hin leicht ansteigt und mich an den Hut meiner Schuluniform erinnert. Im allgemeinen schneidet man solch einen Brotlaib in dicke Scheiben, die man halbiert und so bescheidene, aber sättigende Schnitten erhält. Auf den Inseln sind noch verschiedene andere traditionelle Brotformen bekannt – dicke, kräftige Ringe, Zöpfe, Kringel, Knoten, Sternformen, mit und ohne knusprigen Sesambelag.

Vollkornbrot hat sich noch nicht durchsetzen können, aber ich habe bei einem Bauern auf Kreta, anläßlich einer Einladung zum Essen, Vollkornbrot kennengelernt. Das Brot wurde einige Minuten in Wasser eingeweicht, dann ausgepreßt, mit Öl und Pfeffer gewürzt und uns dann zusammen mit einem *ouzo* als Appetitanreger gereicht – wenn man es so nennen konnte. Zum Hauptgericht tauchte es wieder auf, und die Scheiben waren groß genug, um damit die Bratensoße aufzustippen.

Einige Familien, und auch einige Bäcker, backen ein leichtes und luftiges Brot, das an die französischen *brioches* erinnert. Dieses leicht gesüßte Brot aus einem Hefeteig mit Eigelb, nennt man *artos*. An religiösen Festtagen wird es jedem Gläubigen angeboten; eine symbolische Geste, nachdem der Priester den Laib gesegnet hat.

Das ganze Können eines Bäckers zeigt sich beim Backen eines Hochzeitsbrotes. Diese Brote werden verschwenderisch mit Früchten, Blüten, Blättern und komplizierten geometrischen Formen aus Teig verziert. Sie sind einzigartig wie ein Wandteppich und werden so hoch geschätzt wie kaum ein anderes Hochzeitsgeschenk. Das schönste Exemplar, das ich je gesehen habe, war beinahe 50 Jahre alt und hing in einem Wohnzimmer an Karpathos auf einem Ehrenplatz. Wie das alte Ehepaar hatte auch das Hochzeitsbrot glücklich und in Frieden die Zeit überstanden!

Links: Tiefblaues Wasser vor nebelverhangenen Hügeln; Boote, die auf dem Wasser tanzen und Netze, die in der Sonne trocknen – ein typisches Bild auf Hydra. Ganz oben: Ein Schäfer und seine Herde in zufriedener Ruhe, gesehen in der Nähe von Ermioni auf dem Peloponnes. Oben: Ein farbenfroher Blumengarten in der Nähe von Ägina.

WURST- UND PAPRIKATOPF

Spetzofai

Kalamata, an der Küste Messenias, ist bekannt als die Heimat des traditionellen Volkstanzes *kalamatianos*, der auf Fußspitzen getanzt wird. Die ungezwungene Atmosphäre der Stadt kann man vor allem in den Tavernen, Restaurants und Fleischbratereien am Hafen erleben. Die Auswahl an Speisen reicht hier vom frischen Fisch bis – in der Hochsaison – zum Spanferkel.

Etwas weiter im Landesinneren ist das Angebot eher einfach. Wir kamen an einer Metzgerei vorbei: an der Außenwand hingen in Girlanden blutrote Würstchen, die in der Sonne trockneten. Auf einem Gaskocher brutzelten in einer verrußten Pfanne Würstchen in einer herzhaften Sauce, und wir aßen unsere Portion auf einem derben Tisch aus Pinienholz, einem alten Schlachterblock.

FÜR 4 – 6 PERSONEN
750 g luftgetrocknete, würzige Würstchen
450 g rote Paprikaschoten
5 EL Olivenöl
2 mittelgroße Zwiebeln, in dicke Scheiben geschnitten
225 g Tomaten aus der Dose
2 TL getrockneter Oregano
Salz
schwarzer Pfeffer
Zitronenspalten zum Garnieren

Die Würstchen in 5 cm lange Stücke schneiden und ohne zusätzliches Fett in einer Pfanne etwa 5 Minuten von allen Seiten anbraten. Die Würstchen aus der Pfanne nehmen, beiseite stellen, und die Pfanne säubern.

Die Paprikaschoten der Länge nach halbieren, danach die Kerne und die weißen Trennhäute entfernen. Die Schotenhälften waschen und in kleine Würfel schneiden.

Das Olivenöl in einem Topf erhitzen und die Zwiebeln darin bei mittlerer Hitze glasig dünsten. Die Paprika dazugeben und 2 – 3 Minuten mitdünsten.

Die Tomaten, den Oregano und die Wurststücke in den Topf geben, mit wenig Salz und viel Pfeffer würzen, umrühren. Im geschlossenen Topf bei schwacher Hitze etwa 15 Minuten köcheln lassen, bis die Sauce dunkelrot ist und andickt. Wenn nötig, noch einmal nachwürzen – die Gewürzmenge hängt von der Art der verwendeten Würstchen ab.

Mit Zitronenspalten garnieren und servieren.

HONIGKRAPFEN MIT ZITRONENSIRUP

Loukoumades me siropi

Poros bietet dem Reisenden doppeltes Vergnügen: Er kann mit der Fähre auf das Festland nach Galata übersetzen und dort durch die romantischen Zitronenhaine schlendern oder im Hafen bleiben und eine Vielzahl von Läden besuchen, die alle Honigkrapfen anbieten.

Nach einem knusprigen Lammbraten vom Spieß sollte man den Rest des Abends unbedingt bei einem kühlen Drink und einem Teller voller luftigleichter Krapfen verbringen, die von klebrigem Zitronensirup nur so triefen.

FÜR ETWA 30 KRAPFEN
0,3 l lauwarmes Wasser
1 EL Trockenhefe
350 g Mehl
1 TL Salz
0,1 l lauwarme Milch
2 EL flüssiger Honig
1 großes Ei
Öl zum Fritieren
1 TL gemahlener Zimt
Zitronenspalten zum Garnieren (nach Wunsch)

SIRUP
225 g Zucker
Saft von 2 Zitronen
Schale von einer unbehandelten Zitrone, in dünne Streifen geschnitten
2 – 3 EL Fruchtlikör, z. B. Kumquatlikör (nach Wunsch)

Für den Sirup in einem kleinen Topf mit dickem Boden den Zucker, den Zitronensaft, die Zitronenschale und 0,2 Liter Wasser auf kleiner Flamme erhitzen, bis sich der Zucker aufgelöst hat. Zum Kochen bringen und etwa 5 Minuten kochen lassen, bis die Flüssigkeit so dick ist, daß sie den Löffel wie eine leichte Creme überzieht. Den Topf vom Herd nehmen, die Zitronenschale entfernen und (nach Wunsch) den Likör einrühren. Den Sirup in einen Krug füllen und abkühlen lassen.

Für die Krapfen 3 Eßlöffel lauwarmes Wasser in einer Tasse oder kleinen Schüssel mit der Hefe verrühren. An einem warmen Ort 10 Minuten ruhen lassen, bis die Hefe aufgeht und die Mischung schaumig wird.

Das Mehl mit dem Salz in eine Schüssel sieben und in die Mitte eine Vertiefung drücken. Die Hefemischung, das restliche lauwarme Wasser, die Milch, den Honig und das Ei in die Vertiefung geben. Das Ganze kurz umrühren, damit sich die Flüssigkeiten miteinander vermischen, dann langsam das

Mehl darunterziehen. Den Teig zu einer geschmeidigen Masse schlagen.

Die Schüssel mit einem Küchentuch abdecken und an einem warmen Ort 1 Stunde gehen lassen, bis der Teig sein Volumen verdoppelt hat.

Das Öl zum Fritieren erhitzen. Mit einem Eßlöffel Krapfen von dem Teig abstechen und in dem heißen Fritieröl 3 – 4 Minuten ausbacken – die Krapfen dabei einmal wenden – bis sie aufgegangen und goldbraun sind. Die Krapfen auf Küchenpapier abtropfen lassen und warmhalten, während die übrigen Krapfen gebacken werden.

Die Krapfen auf einer vorgewärmten Platte übereinander schichten und mit Zimt bestreuen. Dann (nach Wunsch) mit Zitronenspalten garnieren und zusammen mit dem Sirup servieren.

APRIKOSENCREME

Verikoko gliko

Endlose Felder voller duftender Blumen; Männer und Frauen, die vom Morgengrauen bis zum Einbruch der Dunkelheit in den Obstgärten und Plantagen arbeiten; das Geräusch der dreirädrigen Lastwagen, die in den engen Straßen die Obstkisten hin und her transportieren; windschiefe Straßenstände, üppig beladen mit verführerisch günstigen Orangen, Zitronen, Aprikosen und Trauben – in der Provinz Argolis im Osten des Peloponnes herrscht die emsige Betriebsamkeit eines Bienenstocks.

Dieses einfache Dessert mit saftigen, reifen Aprikosen lernten wir auf einem Bauernhof kennen, der direkt im Schatten des antiken Tiryns lag.

FÜR 4 – 6 PERSONEN
1,5 kg reife Aprikosen
50 g Zucker
75 g abgezogene Mandel, halbiert
0,3 l Crème double, steif geschlagen

Die Aprikosen waschen, halbieren, entsteinen und vierteln. Die Hälfte der Aprikosenviertel in einem Topf mit dem Zucker und 2 Eßlöffel Wasser langsam zum Kochen bringen. Dabei unter ständigem Rühren den Zucker auflösen. Etwa 15 Minuten kochen, bis die Früchte auseinanderfallen. In einen Mixer geben und pürieren.

Die restlichen Aprikosenviertel und 50 g Mandeln unter das Püree ziehen. Abkühlen lassen und im Kühlschrank kalt stellen.

Die Aprikosencreme und die Crème double schichtweise in eine große Glasschüssel oder in einzelne Schälchen geben. Auf die letzte Schicht Crème double die restlichen Mandeln geben, gekühlt servieren. Dazu passen Löffelbiskuits.

Basilikum

Manchmal frage ich mich, wieviel buschige, dunkelgrüne Basilikumpflänzchen es wohl sein mögen, die in zahllosen Blumentöpfen, Kübeln und bemalten Blechbüchsen Treppen und Bürgersteige zieren, die blaue Fensterläden und leuchtendbunte Türrahmen flankieren oder andächtig vor den Heiligenhäuschen am Wegesrand plaziert wurden? Denk' ich an Griechenland, denk' ich an Basilikum; denk' ich an Basilikum, denk' ich an Griechenland.

Dieses einjährige Kraut stammt vermutlich aus dem Mittleren Osten, Südostasien oder Afrika und wurde schon in der Antike als Gewürz– und Heilpflanze gezüchtet. Die in Griechenland beliebteste Basilikumvarietät besitzt winzige, dunkelgrüne Blätter mit einem kräftigen Aroma und weiße, unscheinbare Blüten, die den ganzen Sommer über blühen.

Die würzigen Blätter schmecken hervorragend zu Tomaten, Pilzen, Eiern und Wildgerichten, wobei nur wenige hellenische Köche alle Möglichkeiten dieser Pflanze ausschöpfen. Basilikum dient in der Naturheilkunde zur Behandlung von Magenverstimmungen und Übelkeit, außerdem besitzt es eine antibakterielle Wirkung und hilft als mildes Beruhigungsmittel.

In Griechenland hat Basilikum auch eine religiöse Bedeutung. Die griechischen Männer tragen am Tag der Kreuzerhöhung (am 14. September) auf dem Weg zur Kirche leuchtendgrüne Basilikumzweige an ihrem Hutband, und Besucher erhalten einen Basilikumzweig als Willkommensgruß und Zeichen der Freundschaft.

KAPITEL 2

Die Kykladen

Ein Picknick auf Paros – mit Kaktusfeigen und Ziegenkäse – im tropischen Tal der Schmetterlinge, dem Paradies eines jeden Zoologen; eine einsame Steinhütte auf Milos, von deren Decke dunkelrote, geräucherte Wurstkränze hängen; frisches Obst und Gemüse, das täglich auf Eseln von den Bauernhöfen aus den Hügeln von Mykonos herbeigetragen und direkt aus den Satteltaschen und Tragekörben verkauft wird; die blauen Blütenwolken der Purpurwinde auf Naxos, dazu ein goldgelber, aromatischer Zitronenlikör, und immer wieder die Geschichte von Dionysos, dem Gott des Weines, der die Insulaner die hohe Kunst des Weinbaus lehrte; bedenkliches Gedränge auf einem schwankenden Schiff, das langsam von Folegandros aufs Meer hinaustuckert und dessen beachtliche Ladung Wildgeflügel für die feinen Restaurants in den Städten bestimmt ist; der unermüdliche, tägliche Rhythmus des Olivenpflückens auf Tinos, das berühmt ist für seine religiösen Marienfeste und prächtigen Prozessionen: die Kykladen. Das sind ungefähr zwanzig Inseln, die sich wie ein Kreis aus der Ägäis erheben und in deren Gerichten sich die besten Produkte des Landes und des Meeres zu kulinarischen Genüssen vereinen.

Jede der Inseln, von Kea im Norden bis Anafi im Süden, von Antimilos im Westen bis Amorgos im Osten, ist stolz auf ihr eigenes kulinarisches Erbe, das sich manchmal sorgfältig hinter den Einheitsfassaden der Touristentavernen verbirgt.

Nehmen wir Andros mit seinen strahlend weiß gekalkten Häusern, den steil abfallenden Pfaden und den holprigen Innenhöfen: Sie müssen sich nicht sehr weit vom Heer der Touristen entfernen, um ein entlegenes Plätzchen zu finden, wo man Ihnen – wenn Sie es wünschen – einen Aperitif serviert, der aus Estragonöl und Essig zu bestehen scheint und wie Wein schmeckt. Dazu gibt es knusprig gebratenen Fisch mit schwarzen Feigen und Rosmarinbrot – einfach köstlich!

Der Besuch eines Klosters war für uns in mehrfacher Hinsicht lohnend; wir werden es den Nonnen dieser Insel nie vergessen, daß sie ihr Mahl mit uns teilten. Es handelte sich um ein einfaches Essen, das

Links: Ein Blick auf die typische kubistische Architektur der Kykladen, hier auf Sifnos, zwischen Apollonia und Kastro. Unten: Bäcker mit einem Backblech voller Sesamkringel vor seinem Geschäft, im Hintergrund das Flackern des Feuers.

seitdem zu den Lieblingsgerichten unserer Familie zählt – gebackene Eierkürbisse, die mit einer grün marmorierten Mischung aus Reis und Minze gefüllt waren. Dort sah ich auch zum ersten Mal das weiche Licht von getrockneten Königskerzenblüten, die in einer Lampe mit Olivenöl schwammen.

Und dann erinnere ich mich an unsere langen Wanderungen quer durch das Land. Meilenweit von jeder menschlichen Behausung entfernt, hielt ich ein Schwätzchen mit einer Familie, die auf dem Feld arbeitete. Der jüngste Sohn schüttelte einen Baum und ein Hagel reifer Kirschen prasselte herunter. Die Tochter breitete ihre Schürze als Tischdecke aus und wir ließen uns zu einem Glas *raki* und selbstgemachtem Käse nieder. Ich bot an, die verlorene Zeit gemeinsam aufzuholen, und kam so zu meiner ersten und einzigen Erfahrung im Umgang mit einer Sichel. Wir arbeiteten, bis keine Wicke mehr stand. Gegen Abend blies der Hausvorstand auf einer kleinen, aus einem Oleanderzweig geschnitzten Flöte eine wunderschöne Melodie – das Signal für die Arbeiter, daß das Tagewerk getan war. Und dann ging es nach Hause zu einem weiteren unvergeßlichen Essen.

* * *

ERBSPÜREE

Fava

Auf Santorin oder Thira, der romantischen Insel mit der eindrucksvollsten und fotogensten Häusersilhouette der Ägäis, habe ich mein eigenes, bescheidenes Denkmal errichtet. Denn ich half beim Pflastern einer Straße, die mit einem kunstvollen, geometrischen Muster aus grauen und weißen Steinen versehen wurde, das sich, je nach Blickwinkel und Sonneneinfall, wie ein Kaleidoskop zu verändern schien.

Zum Dank luden mich die Arbeiter ein, mit ihnen ihr Mittagsmahl zu teilen. Wir saßen auf dem Boden und löffelten die Fava mit Brot aus Joghurtbechern. Anläßlich der Inselfeiern im Juli serviert man dort ein ähnliches Gericht.

FÜR 6 PERSONEN

450 g gelbe Schälerbsen, gewaschen und abgetropft
1 Lorbeerblatt
2 mittelgroße Zwiebeln, kleingehackt
Salz
schwarzer Pfeffer
3 EL Olivenöl
etwas Olivenöl zum Beträufeln
2 EL gehackte Petersilie
Zitronenspalten zum Garnieren
2 kleine Zwiebeln, in dünne Ringe geschnitten, zum Garnieren (nach Wunsch)

Die Erbsen und das Lorbeerblatt in 1 Liter Wasser in einem großen Topf zum Kochen bringen. Sich bildenden Schaum abschöpfen. Die Zwiebeln dazugeben und das Ganze im geschlossenen Topf etwa 1½ Stunden bei mittlerer Hitze kochen lassen, bis die Erbsen weich sind und zerfallen. Dabei gelegentlich umrühren. Das Lorbeerblatt entfernen und das grobe Erbspüree mit einem Holzlöffel kräftig durchschlagen. Mit Pfeffer und Salz würzen und das Olivenöl unterrühren.

Das heiße Erbspüree in eine vorgewärmte Schüssel geben, mit etwas Olivenöl beträufeln und mit der gehackten Petersilie bestreuen. Mit den Zitronenspalten und den Zwiebelringen (nach Wunsch) garnieren.

FISCHSUPPE

Kakavia

Ihren Namen erhielt diese Fischsuppe von dem Steinguttopf, in dem sie schon seit Jahrhunderten zubereitet wird. Die griechischen Fischer sind der festen Überzeugung, daß es eigentlich nur einen Ort und Zeitpunkt gibt, diese Suppe aufzusetzen, nämlich auf hoher See, wenn die Männer nach getaner Arbeit alle kleinen und unverkäuflichen Fische in einen Topf werfen.

Diese Erfahrung konnte ich bisher noch nicht machen, allerdings hatte ich zusammen mit dem Dorfpfarrer einmal Gelegenheit, an einem Kai in Naoussa auf Paros einen Löffel dieser Suppe zu probieren, als dort ein Fischer seine *kakavia* zubereitete. Verwenden Sie möglichst viele verschiedene Fischsorten für Ihre Suppe, so kommt sie dem traditionellen Fischergericht am nächsten.

FÜR 6 PERSONEN
1,5 kg Meeresfisch,
z.B. Rotbarbe, Wittling (Merlan), Meerbrasse
1 kg Karkassen vom Fischhändler
(nach Wunsch, siehe Zubereitung)
0,15 l Olivenöl
2 mittelgroße Zwiebeln, in Scheiben geschnitten
2 mittelgroße Möhren, in Scheiben geschnitten
4 Stangen Bleichsellerie, in Scheiben geschnitten
2 l Wasser oder Fischbrühe
(siehe Zubereitung)
0,15 l Weißwein
4 große Tomaten,
gehäutet und in Scheiben geschnitten
450 g große Kartoffeln, längs geviertelt
2 Lorbeerblätter
1 Bund Petersilie,
mit einem Küchenzwirn zusammengebunden
Saft von 2 Zitronen
Salz
schwarzer Pfeffer
450 g Krabben oder Garnelen, ausgelöst
2 EL gehackte Petersilie
Zitronenspalten zum Garnieren

Die Fische waschen und putzen. Kleinere Fische ganz in die Suppe geben, oder, wie bei den großen Fischen, Kopf und Schwanz entfernen und filetieren. Aus den Karkassen, die Sie beim Fischhändler bekommen, und einigen Gemüsesorten läßt sich ein schmackhafter Fischfond herstellen (siehe Seite 17). Sie können die Suppe aber auch – wie die Fischer – einfach mit Wasser aufsetzen.

Das Öl in einer großen Pfanne erhitzen, Zwiebeln, Möhren und Sellerie darin bei mittlerer Hitze 4 – 5 Minuten andünsten. Mit Wasser oder Fischfond und Wein ablöschen. Die Tomaten, die Kartoffeln und die Lorbeerblätter dazugeben. Das Ganze zum Kochen bringen und etwa 10 Minuten leise kochen lassen.

Das Petersiliensträußchen, den Zitronensaft und die festeren Fischsorten oder die größeren Stücke zugeben und etwa 10 Minuten kochen lassen. Jetzt die kleineren Fischstücke dazugeben, die Suppe mit Pfeffer und Salz würzen und nochmals etwa 5 Minuten kochen. Die Krabben oder Garnelen in die Suppe geben und etwa 5 Minuten ziehen lassen, nicht kochen. Alle Fischsorten sollten nun gar sein.

Das Petersiliensträußchen entfernen, die Suppe nach Wunsch abschmecken und eventuell noch mit Zitronensaft würzen. Die Fischsuppe mit der gehackten Petersilie bestreuen und mit den Zitronenspalten garniert servieren. Falls Sie ganze Fische – wie die Meerbarbe – mitgekocht haben, reichen Sie diese am besten zusammen mit den Kartoffeln auf einem separaten Teller, so lassen sich die Gräten problemlos entfernen.

Reinigender Montag

Kathari deftera bedeutet wörtlich übersetzt „Reinigender Montag“ und bezeichnet den ersten Tag des Frühlings, an dem eines der wichtigsten Feste der griechisch-orthodoxen Kirche begangen wird. Zugleich bietet es ganzen Familien die Gelegenheit, einen Tag gemeinsam auf dem Land zu verbringen.

Die kulinarische Spezialität dieses Festtages ist *lagana*, ein flaches, ungesäuertes und dick mit Sesamkörnern bestreutes Brot. Dafür drängt man sich bereits am frühen Morgen in die Menschenmenge vor der Bäckerei – in Griechenland stellt sich niemand brav in eine Warteschlange! – denn man muß genügend Vorräte für alle hungrigen Mäuler herbeischaffen.

An *kathari deftera* beginnt das Frühlingsfasten, während dessen vierzigtägiger Dauer der Genuß von Fleisch, Eiern und Milchprodukten verboten ist, deshalb bereitet jede Familie mit großem Einfallsreichtum ihr eigenes, hauptsächlich vegetarisches Menü für das Picknick zu. Glücklicherweise ist der Genuß von Meeresfrüchten und Schaltieren erlaubt. Sie sorgen für etwas Abwechslung auf der Speisenkarte. Es gibt beispielsweise gekochten oder eingelegten Tintenfisch mit Zitronendressing, Krake in Tomatensauce, gekochte Garnelen mit Kichererbsen oder dicke Bohnen und köstliche Riesengarnelen, die auf offenem Feuer gegrillt werden.

Nach dem Picknick folgt die traditionelle Vorstellung der Kinder, die ihre *kathari-deftera*-Drachen steigen lassen, die sie bereits Wochen zuvor mit der ganzen Familie entworfen und gebastelt haben.
Die farbenfrohen, phantasievollen Drachen klettern und steigen immer höher und sollen – so der Volksglaube – die Familie im kommenden Jahr vor Unheil bewahren.

Und immer klingen die Gläser, man stößt auf eine gute Fastenzeit und ein frohes Osterfest an: *Kali Saracosti kai kalo Pascha.*

AUSGEBACKENE ZUCCHINIBLÜTEN

Tiganita anthi kolokithias

Es war bereits später Nachmittag, und wir waren stundenlang ziellos auf blütenumsäumten Wegen umhergestreift, vorbei an murmelnden Bächen und lieblichen Obstgärten, als wir schließlich zu einer Taverne kamen. Das Lokal war geschlossen. Aber der Besitzer hatte unsere Stimmen gehört und bestand darauf, einen Tisch, Stühle und eine Flasche Wein hinaus auf die Straße zu tragen. Anschließend verschwand er mit den Worten: „Überlaßt alles mir."

Kurze Zeit später erschien er mit einem Teller knuspriger, goldgelber, gebackener Zucchiniblüten. „Wenn ihr müde seid, dann reitet doch auf meinen Eseln runter zum Bus", meinte er. „Das ist überhaupt kein Problem. Die kennen den Weg zurück."

Das hier ist für dich, Andros.

FÜR 4 PERSONEN
12 Zucchiniblüten (siehe Zubereitung)
Öl zum Fritieren
Zitronenspalten zum Garnieren

TEIG
100 g Mehl
Salz
3 EL Olivenöl
0,15 l lauwarmes Wasser
1 Eiweiß, zu Schnee geschlagen

Für den Teig das Mehl mit dem Salz vermischen und das Öl unterrühren. Langsam das Wasser dazugeben und zu einem weichen Teig verrühren. Wenn möglich, den Teig etwa 1 Stunde ruhen lassen. Kurz vor dem Ausbacken den Eischnee unter den Teig heben.

Falls Sie Zucchinis nicht selbst im Garten ziehen, können Sie die Blüten vielleicht beim Bauern oder bei Ihrem Gemüsehändler bekommen..

Die Zucchiniblüten öffnen, die Staubgefäße und den Stengel entfernen und die Blüten vorsichtig waschen. Mit der Öffnung nach unten auf einem Stück Küchenpapier abtropfen lassen.

Das Öl in der Friteuse oder in einem hohen Topf erhitzen. Die Zucchiniblüten in den Ausbackteig tauchen – ich verwende dafür eine Pinzette – und den überschüssigen Teig in die Schüssel zurücktropfen lassen. Zwei oder drei Blüten gleichzeitig etwa 3 Minuten im heißen Öl ausbacken, bis sie knusprig und goldbraun sind. Die fritierten Blüten auf einem Stück Küchenpapier abtropfen lassen und warm stellen, bis alle Zucchiniblüten ausgebacken sind.

Als Vorspeise servieren Sie die Blüten mit Zitronenspalten; wenn Sie einen gemischten Salat mit viel Feta-Käse und kräftiges Landbrot dazu reichen, wird daraus eine Hauptmahlzeit.

Seite 30/31: Fischsuppe; Rezept auf Seite 28.

KÄSETASCHEN

Tiropittes

Soweit ich weiß, sind *tiropittes* – diese auf der Zunge zergehenden Pasteten – keine regional begrenzte Spezialität. Die besten, die ich je gegessen habe, kamen aus der Bäckerei neben der Bushaltestelle in Apollonia, der wichtigsten Stadt auf Sifnos. Sie waren heiß und üppig mit einer sahnigen köstlichen Creme gefüllt. Wen interessiert es da noch, ob der Überlandbus etwas hinter seinem Fahrplan herhinkt, oder – wie es auch schon passiert ist – vielleicht gar nicht kommt.

FÜR ETWA 10 TASCHEN
ODER 48 KLEINE KÄSEECKEN
400 g Filloteigblätter
75 g Butter, zerlassen

FÜLLUNG
25 g Butter
4 TL Mehl
4 EL Milch
0,15 l Sahne
175 g feta-Käse, zerkleinert
50 g graviera- oder Gruyère-Käse, fein gerieben
2 Eier, verquirlt
2 EL gehackte glatte Petersilie
schwarzer Pfeffer
Muskat

Für die Füllung die Butter in einem kleinen Topf zerlassen, das Mehl dazugeben und unter ständigem Rühren etwa 1 Minute auf kleiner Flamme kochen lassen. Langsam die Milch und die Sahne dazugießen und weitere 3 Minuten unter ständigem Rühren auf kleiner Flamme leise köcheln lassen, nicht kochen. Zum Abkühlen beiseite stellen.

Die beiden Käsesorten, die Eier und die Petersilie in die Sauce rühren, mit Pfeffer und Muskat abschmecken und solange schlagen, bis sich alle Zutaten gut miteinander vermischt haben. Den Backofen auf 180°C vorheizen

Das Geheimnis im Umgang mit den hauchdünnen Filloteigblättern besteht darin, den Teig zügig zu verarbeiten und Teigreste stets mit einem feuchten Handtuch zu bedecken, damit der Filloteig nicht austrocknen kann (siehe Seite 121).

Für die bekannten halbrunden Taschen, die man bei jedem Bäcker und Straßenhändler bekommt, die Filloteigblätter mit Hilfe einer Untertasse kreisförmig ausstechen. Für eine Käsetasche 6 Kreise ausstechen, den restlichen Teig zudecken. Die Teigkreise mit Butter bestreichen und übereinanderlegen. Den Topf auf kleiner Flamme warm halten, damit die Butter flüssig bleibt. 3 Eßlöffel Füllung auf die eine Hälfte des Teigkreises geben, die andere Hälfte darüberklappen und die Ränder fest zusammendrücken, so daß sich die Tasche nicht mehr öffnet. Die Teigoberfläche mit Butter bestreichen. Auf diese Weise alle Käsetaschen vorbereiten.

Die Teigtaschen auf ein gut gefettetes Backblech legen und 25 Minuten backen, bis sie goldbraun sind. Heiß oder warm servieren.

Für die kleineren, mundgerechten Dreiecke, die hervorragend als Knabbergebäck zu verschiedenen Getränken passen, ein Filloteigblatt in drei Streifen schneiden (12 x 30 cm). Jeder Streifen ergibt eine Käseecke, daher die beiden anderen Streifen und den restlichen Teig in ein feuchtes Tuch wickeln.

Den Teigstreifen mit der zerlassenen Butter bepinseln, der Länge nach zusammenklappen und erneut mit Butter bestreichen. Einen Teelöffel Füllung auf das eine Ende des Teigstreifens geben, eine Teigecke so umklappen, daß ein Dreieck entsteht und dieses Teigdreieck nun immer weiter auf dem Teigstreifen umklappen. Zum Schluß die Oberfläche des Käsedreiecks mit Butter bestreichen und mit der Nahtseite nach unten auf ein gefettetes Backblech legen. Den Backofen auf 180°C vorheizen.

Den restlichen Teig und die Füllung zu weiteren Dreiecken verarbeiten.

Die Käsedreiecke im Backofen (Mitte) etwa 20 Minuten backen, bis sie goldbraun sind und kleinen, gefüllten Kissen ähneln. Heiß servieren.

GEBACKENE AUSTERN

Stridia sto fourno

Nicht alle griechischen Inseln können bedeutende archäologische Funde vorweisen. Ausgrabungen auf Milos belegen, daß die Kultur dieser Insel rund 5000 Jahre alt ist und bis ins Zeitalter des legendären Königs Minos zurückreicht.

Darüber hinaus findet man auf Milos zahlreiche Fischerdörfer, die sich sehr stark voneinander unterscheiden.

Das Dorf Chivadolimni ist für seinen Strand und seine ertragreichen Austernbänke bekannt; mein Lieblingsort ist Klima, ein munteres Durcheinander altersschwacher Häuser. Die Frauen des Dorfes pflegen einen schönen Brauch: Sie bilden am Strand eine wogende Kette und grüßen mit bunten Tüchern die vorbeiziehenden Schiffe.

FÜR 4 PERSONEN
24 Austern
175 g Petersilienbutter
4 EL graviera- oder Gruyère-Käse, fein gerieben
4 EL Semmelbrösel
Zitronenspalten zum Garnieren

PETERSILIENBUTTER
175 g weiche Butter
1 kleine Zwiebel oder Schalotte, fein gehackt
2 Knoblauchzehen, zerdrückt
2 TL Zitronensaft
3 EL gehackte Petersilie
schwarzer Pfeffer

Für die Petersilienbutter die Butter mit der Zwiebel, dem Knoblauch, dem Zitronensaft und der Petersilie in einer Schüssel kräftig verrühren. Mit Pfeffer abschmecken, die Butter zu einer Rolle formen, in Folie wickeln und bis zum Gebrauch im Kühlschrank aufbewahren.

Die Austern in einer großen Schüssel mit Wasser waschen und sorgfältig sauber schrubben. Die Schalen mit einer kurzen, kräftigen Klinge oder mit einem speziellen Austernmesser öffnen. Die austretende Flüssigkeit durch ein Mulltuch gießen, um den Sand herauszufiltern, und für ein anderes Gericht aufbewahren. Sie eignet sich hervorragend als Zutat für Fischsuppen und verleiht einem Cocktail aus Wodka und Tomatensaft einen exotischen Geschmack – der allerdings nicht typisch griechisch ist.

Den Backofen auf 190°C erhitzen. Die Austern aus der Schale lösen und in die tiefere, untere Schalenhälfte legen. Die Schalen auf einem flachen Backblech verteilen, das mit einer Schicht Kochsalz versehen ist, in das die Schalen hineingedrückt werden können. Die Austern mit Butterflöckchen bedecken, den Käse und die Semmelbrösel mischen und gleichmäßig auf den Austern verteilen.

Die Austern in den Backofen (Mitte) schieben und etwa 10 Minuten backen, bis die Oberfläche goldbraun ist. Noch heiß mit Zitronenspalten und kräftigem Landbrot servieren.

KARTOFFEL-WÜRSTCHEN-OMELETT

Froutalia

Das Mahl mit einer Familie zu teilen, die notgedrungen von den Früchten ihrer Arbeit lebt – von Kartoffeln, Räucherwürsten, Eiern, Bohnen oder Olivenöl –, zählt für mich zu den größten Privilegien.

Im Hinterland von Andros, weit weg von allen Stränden und Cafés, durften wir Adonis und Maria voller Staunen bei der Zubereitung von *froutalia* zuschauen. Diese regionale Spezialität, die sie in ihrer „Freiluftküche" hinter der kleinen Hütte für uns kochten, schmeckte unvergleichlich gut.

FÜR 4 – 6 PERSONEN
1 kg Kartoffeln
Öl zum Fritieren und zum Beträufeln der Omeletts (nach Wunsch)
8 Eier
Salz
schwarzer Pfeffer
450 g luftgetrocknete, würzige Würstchen, in kleine Stücke geschnitten
2 EL gehackte Petersilie

Die Kartoffeln schälen, in Stifte (wie Pommes frites) schneiden und auf Küchenpapier trocknen lassen. Das Öl erhitzen und die Kartoffelstifte darin fritieren, bis sie knusprig sind. Mit einem Schaumlöffel aus dem heißen Öl nehmen. Die Kartoffelstifte auf Küchenpapier entfetten und warm stellen.

Die Eier mit 3 Eßlöffel Wasser verquirlen, mit Salz und Pfeffer abschmecken (je nach Schärfe der verwendeten Würste) und die Würstchen unterrühren.

Die Kartoffelstifte in einer großen, bereits erhitzten Bratpfanne (Adonis verwendete dazu eine runde Aluminiumpfanne) verteilen und die Eimischung darüber gießen. Das Omelett 2 – 3 Minuten bei starker Hitze stocken lassen, dabei die Pfanne mehrmals hin und her schwenken. Im Backofen oder unter dem Elektrogrill bei 225 °C auf der obersten Schiene weitere 2 – 3 Minuten garen, bis die Eimasse fest und goldbraun ist. Das Omelett mit Petersilie bestreuen, wie einen Kuchen in Stücke schneiden und servieren, eventuell mit etwas Olivenöl beträufeln.

Zu unserer *froutalia* gab es leicht gedämpfte grüne Bohnen, mit Olivenöl und Zitronensaft mariniert, und dicke Bohnen in einer frischen, kalten Tomatensauce. Der riesige, runde Brotlaib aus selbstangebautem Weizen kam direkt aus dem Steinbackofen, der vorher mit Rosmarin- und Oleanderzweigen angeheizt worden war.

Seite 34/35: Sifnos ist bekannt für seine über 300 Kirchen.

BOHNENAUFLAUF MIT ZIEGENFLEISCH

Katsikaki ke fasolia yiouvetsi

Auf Sifnos versteht man sich hervorragend auf die Zubereitung von Ziegenfleisch. Ich saß dort in einem Bauernhaus bei einem kleinen Plausch, als der Sohn mit einem Ziegeneintopf hereinkam, den er von einem Restaurant am Hafen mitgebracht hatte. Ich habe mich nur zu gerne kräftig bedient, bei diesem Essen, das die ganze Nacht über beim Bäcker auf dem Feuer gestanden hatte und dann mit dem Bus wieder hierher geschickt worden war.

Wenn Ihnen – zum Beispiel bei einem moslemischen Metzger – Ziegenfleisch angeboten wird, sollten Sie es wegen seines charakteristischen Geschmacks ruhig einmal ausprobieren. Andernfalls können Sie auch ein Stück Lammschulter nehmen.

FÜR 4 – 6 PERSONEN
450 g weiße Bohnen, über Nacht eingeweicht und abgetropft
3 EL Olivenöl
2 mittelgroße Zwiebeln, in Scheiben geschnitten
2 Knoblauchzehen, gehackt
1 kg mageres Ziegenfleisch, gewürfelt
225 g Tomaten aus der Dose, gehackt
2 EL Tomatenmark
1 Zimtstange
Salz
schwarzer Pfeffer
1 EL Zitronensaft
1 EL gehackte Petersilie

Die Bohnen in einem Topf mit ungesalzenem Wasser 10 Minuten sprudelnd kochen, dann bei geringerer Hitze weitere 30 Minuten leise kochen lassen. Die Bohnen herausnehmen, abtropfen lassen und beiseite stellen.

Das Öl in einer feuerfesten Kasserolle erhitzen und die Zwiebeln darin glasig dünsten. Den Knoblauch dazugeben und 1 – 2 Minuten mitdünsten. Den Backofen auf 170°C vorheizen.

Die Ziegenfleischwürfel dazugeben und von allen Seiten anbraten, sie sollen leicht gebräunt sein. Die Tomaten, das Tomatenmark und 0,45 Liter Wasser dazugeben und verrühren. Die Zimtstange hineinlegen und das Ganze zum Kochen bringen.

In der geschlossenen Kasserolle etwa 2 1/2 – 2 3/4 Stunden im Backofen (unten) garen, bis das Fleisch zart ist. Die Zimtstange herausnehmen, das Ganze mit Salz und Pfeffer abschmecken und den Zitronensaft dazugeben. Mit Petersilie bestreuen und servieren.

Zu diesem Gericht wird häufig Brot gereicht, aber auch gekochte Kartoffeln sind eine passende Beilage.

HASENSTIFADO

Lagos stifado

Selbst mitten in der Nacht wird die Ankunft der Fähre im Hafen von Amorgos von einem ganzen Schwarm sogenannter Pensionswirtinnen erwartet. Wir mußten nicht einmal bis zum Morgengrauen warten, um herauszufinden, daß unser Zimmer nur eine Falltür vom Weinkeller entfernt lag: zwei große Holzfässer mit *Santa Mavra*-Wein, der gerade erst zu reifen begann, verströmten einen berauschenden und anregendenden Duft. Dieser dunkelrote, sehr beliebte Wein tauchte bei jeder Mahlzeit immer wieder auf und war anscheinend in größeren Mengen vorhanden als Wasser.

Den geschmorten Hasen hatte unsere Gastgeberin in der Nacht von Samstag auf Sonntag extra für uns zubereitet, für die „neuen Freunde von der anderen Seite des Meeres". Sie sollten ebenfalls einen Tag im voraus mit den Vorbereitungen für dieses Gericht beginnen.

FÜR 6 PERSONEN

1 Hase von etwa 2 kg, in Stücke geteilt
0,3 l Malzessig
8 EL Mehl
1 EL getrockneter Oregano
schwarzer Pfeffer
0,15 l Olivenöl
2 EL Tomatenmark
2 EL Honig
1 kg kleine Zwiebeln oder Schalotten
2 EL gehackte Petersilie

MARINADE

0,6 l schwerer Rotwein
2 EL Rotweinessig
1 mittelgroße Zwiebel, in Scheiben geschnitten
2 mittelgroße Möhren, in Scheiben geschnitten
2 Stangen Bleichsellerie, in Scheiben geschnitten
1 EL Salz
4 Gewürznelken
6 Wacholderbeeren, zerdrückt
1 EL schwarze Pfefferkörner, zermahlen
4 – 6 Thymianzweige
2 – 3 Stengel Petersilie

Den Hasen waschen und in einer großen Schüssel mit Essig und Wasser vollständig bedecken. 1 – 2 Stunden darin ziehen lassen, dann herausnehmen.

Für die Marinade den Wein und den Rotweinessig in eine Schüssel geben. Die Zwiebel, die Möhren, den Sellerie und das Salz dazugeben. Die Gewürze und Kräuter in ein Mulltuch binden und ebenfalls in die Marinade geben. Die Hasenteile in die Marinade legen, die Schüssel mit einem Teller abdecken und im Kühlschrank 24 Stunden kalt stellen; während dieser Zeit die Teile gelegentlich wenden.

Am nächsten Tag die Hasenteile abtropfen lassen und trockentupfen. Die Marinade durch ein feines Sieb gießen und aufbewahren. Die Gewürze, Kräuter und Gemüse wegwerfen. Das Mehl mit dem Oregano und dem Pfeffer mischen und die Hasenteile darin wälzen.

6 Eßlöffel Öl in einer großen feuerfesten Kasserolle erhitzen – unsere Gastgeberin verwendete eine schwarze Eisenpfanne, die der Familie schon seit Generationen diente – und die Hasenteile nacheinander darin anbraten, bis das Fleisch von allen Seiten leicht gebräunt ist. Den Backofen auf 180°C vorheizen.

Die Hasenteile herausnehmen und das restliche Mehl in die Kasserolle streuen. Die Marinade, das Tomatenmark und den Honig dazugeben und aufkochen. Die Hasenteile in die Sauce legen und in der geschlossenen Kasserolle etwa 2 Stunden im Backofen (unten) schmoren.

Die Zwiebeln oder Schalotten etwa 2 Minuten in kochendheißem Wasser blanchieren, dann abtropfen lassen. Das restliche Öl in einer Pfanne erhitzen, die Zwiebeln etwa 4 – 5 Minuten darin leicht anbräunen und anschließend ebenfalls in die Kasserolle geben. Die Hasenteile weitere 1 – 1 1/2 Stunden schmoren, bis das Fleisch zart ist. Die Sauce abschmecken und eventuell nachwürzen. Falls sie zu fade schmeckt, noch einen Eßlöffel Honig dazugeben. Mit Petersilie bestreuen und servieren.

Ganz oben: Blau, Gold und Weiß – diese kraftvolle Farbkombination und ihre vielfältigen Variationen sind typisch für die Insel Santorin. Oben: Bei der Ernte wird jeder gebraucht. Hier auf Paros reinigt ein Priester gerade das Korn; im Vordergrund das Segel einer Windmühle. Links: Hasenstifado; Rezept auf Seite 37.

KÄSEPASTETE MIT HONIG

Kithnopitta

Auf Kithnos, einer der nördlichsten Inseln der Kykladen, verstrich die Zeit mit Nichtstun. Ich fand es ausgesprochen entspannend, anderen Leuten bei der Arbeit zuzusehen! Ich unterhielt mich schon eine ganze Weile mit einem alten Korbflechter, dessen geschickte Finger unermüdlich diesem jahrhundertealten Handwerk nachgingen, als er plötzlich ein Stück Käsekuchen hervorholte, das süß und sehr würzig schmeckte. Da ich seine Frau nicht nach dem Rezept fragen konnte, habe ich ein eigenes entwickelt, das etwas weniger Zimtpulver enthält.

FÜR 8 PERSONEN
75 g weiche Butter
75 g Ricotta- oder Hüttenkäse, durch ein Sieb gedrückt
125 g Mehl
Salz
½ TL Zimt

FÜLLUNG
450 g Ricotta- oder Hüttenkäse, durch ein Sieb gedrückt
4 Eier
50 g gemahlene Mandeln
2 TL Zimt
125 g Honig
getrocknete Bohnen zum Blindbacken

Für den Teig die Butter und den Ricotta verrühren, bis eine glatte Masse entsteht. Das Mehl, das Salz und den Zimt miteinander vermischen und über die Butter-Käse-Mischung streuen. Den Teig leicht durchkneten und zu einer glatten Kugel formen. Die Teigkugel in Folie wickeln und etwa 30 Minuten kalt stellen. Den Backofen auf 190°C vorheizen.

Den Teig auf einer leicht bemehlten Arbeitsfläche ausrollen und in eine gut gefettete und mit Mehl bestäubte Springform von 22 cm Durchmesser geben. Überstehende Teigränder abschneiden und den Boden mehrmals mit einer Gabel einstechen. Den Teig mit Butterbrotpapier bedecken, darauf getrocknete Bohnen geben. Die Form in den Backofen (Mitte) geben und den Teig etwa 15 Minuten blindbacken. Die Bohnen entfernen und den Tortenboden auf einem Kuchengitter auskühlen lassen.

Für die Füllung den Käse, die Eier, die gemahlenen Mandeln, 1 Teelöffel Zimt und den Honig kräftig verrühren, bis sich die Zutaten gut miteinander verbunden haben.

Die Füllung auf dem Tortenboden verteilen und bei 190°C etwa 35 Minuten backen, bis die Füllung fest und an der Oberfläche goldbraun ist. Mit dem restlichen Zimt bestreuen. Noch warm oder kalt servieren, dazu paßt Sahne oder Joghurt.

HALVA MIT PISTAZIEN

Chalvas me fistikia

Die Hauptstadt der Kykladen heißt Ermoupolis. Sie ist zugleich die größte Stadt der Insel Siros und wirkt auf den ersten Blick wie eine moderne Geschäfts- und Handelsstadt, die nicht unbedingt den Touristenwünschen und den Bildern in den Reiseprospekten entspricht. Aber nicht weit entfernt und mit dem Rad leicht zu erreichen, liegen kilometerlange Weinberge, Obstgärten und Melonenfelder.

Wenn Sie an einem *kafenion* eine kurze Pause einlegen, werden Sie schnell feststellen, daß die Insulaner und ihre Süßspeisen – besonders Halva, Nougat und Fruchtgelees – eine sehr gewinnende Art haben.

ERGIBT ETWA 750 G
175 g weiche Butter
175 g Zucker
4 Eier
450 g grober Weizengrieß
140 g Pistazien (oder geschälte Mandeln)
1 TL Zimt
Butter für die Form

SIRUP
225 g Zucker
2 TL Zitronensaft
1 Zimtstange

Die Butter und den Zucker solange verühren, bis die Mischung leicht und cremig ist. Die Eier nacheinander langsam darunterrühren, die Masse soll glatt sein und keine Klümpchen bilden. Den Weizengrieß löffelweise unterrühren, dabei darauf achten, daß die Masse glatt bleibt. Die Pistazien und den Zimt unterziehen. Den Backofen auf 180°C vorheizen.

Eine quadratische Backform von 18 cm Kantenlänge einfetten, die Masse einfüllen und die Oberfläche glattstreichen. Die Halva 40 – 45 Minuten im Backofen (Mitte) backen, bis sie knusprig ist.

In der Zwischenzeit für den Sirup den Zucker, den Zitronensaft und die Zimtstange mit 0,45 l Wasser in einem Topf mit dickem Boden bei geringer Hitze erwärmen, bis sich der Zucker aufgelöst hat. Den Sirup nun bei starker Hitze etwa 5 Minuten kochen, bis er so zähflüssig und klebrig wird, daß er den Löffel wie eine leichte Creme überzieht. Die Zimtstange entfernen.

Die Halva aus dem Backofen nehmen, gleichmäßig mit Sirup begießen und abkühlen lassen. In quadratische Stücke teilen und zu Kaffee und Eiswasser reichen.

Honig

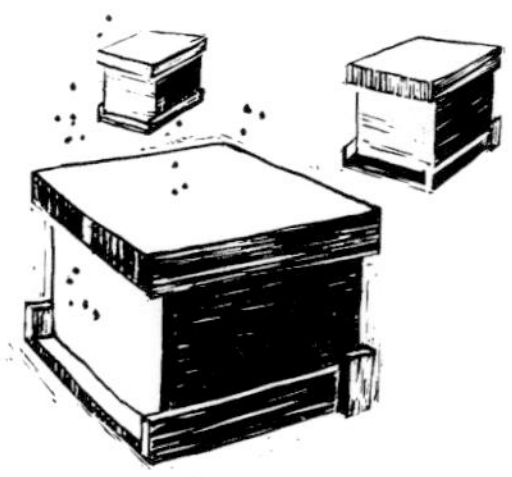

Bienenkörbe an einem sanft geschwungenen Hügel sind für mich der Inbegriff ländlicher Idylle. Der Blick folgt ihnen langsam über bunte Blumenwiesen oder – wie auf Lefkas – über blühende Obstgärten. Die blauen, grünen, gelben und manchmal auch gestreiften Bienenhäuser sind meistens von der Sonne gebleicht und gehören ebenso zum Bild der Insel wie die Gläser mit klarem oder festem Honig beim Kaufmann um die Ecke.

Jede Insel und beinahe jeder Landstrich hat seine eigenen Honigspezialitäten, die manchmal voller Stolz in unetikettierten Gläsern oder, etwas offizieller, in weißen und blauen Büchsen angeboten werden. Fragen Sie einmal nach *meli* und legen Sie sich einen Vorrat der landwirtschaftlichen und botanischen Schätze des Landes an – genau wie die Bienen!

Einige griechische Honigsorten besitzen ein einmaliges, fast nußartiges Aroma; andere schmecken köstlich nach wildem Thymian, und wieder andere erinnern an Zitronenblüten. Besonders aromatische Honigsorten stammen von Kastanienblüten.

Diese regionalen Honigsorten verleihen dem griechischen, unglaublich süßen Gebäck – wie *baklava* und *kataifi* – seinen ganz speziellen Charakter, und sie sind die Grundzutat für den Sirup, den man zu Krapfen reicht. Wenn der Honig jedoch goldgelb, glänzend und verführerisch duftend über meinen Frühstücksjoghurt fließt, ist das für mich der Gipfel des Genusses.

REISPUDDING

Rizogalo

Hinter Santorin liegt Anafi, das vielen Touristen als Anlegestelle der Fähre auf ihrem Weg nach Osten bekannt sein dürfte. Mythologiefans wissen, daß die Entstehung der Insel den Argonauten zu verdanken ist – so jedenfalls lautet die Sage: Sie soll sich auf Apollos Befehl aus dem Meer erhoben haben, um die Argonauten vor einem Sturm zu schützen.

Wenn im Herbst die alljährlichen Festspiele mit Musik und Tanz stattfinden, ist es auf der Insel am schönsten. Dieser Reispudding zählt zu den festen Bestandteilen der Feierlichkeiten.

FÜR 6 PERSONEN

100 g Rundkornreis, gewaschen und abgetropft
Salz
0,6 l Milch
600 g Sahne
2 TL Speisestärke
2 Eigelb
50 g Vanillezucker (siehe Zubereitung)
1 TL Vanilleextrakt
Muskatnuß, gerieben

Den Reis mit 0,3 Liter Wasser in einem Topf zum Kochen bringen und bei geringer Hitze etwa 10 Minuten leise köcheln lassen, bis der Reis das ganze Wasser aufgenommen hat. Dabei gelegentlich umrühren.

Das Salz, die Milch und die Sahne dazugeben, erneut aufkochen und den Reis unter gelegentlichem Rühren etwa 15 Minuten köcheln lassen, bis er gar ist.

Die Speisestärke mit 2 Eßlöffel Wasser zu einer glatten Paste verrühren, das Eigelb darunterschlagen und das Ganze zum Reis geben. Nicht mehr aufkochen, da das Eigelb sonst gerinnt. Den Vanillezucker und den Vanilleextrakt dazugeben und bei geringer Hitze so lange rühren, bis der Reis dick und cremig ist. Der Reis darf allerdings nicht mehr kochen.

Den Reis in eine Schüssel oder, wie die Griechen, in einzelne Glasschälchen geben. Leicht abkühlen lassen und mit etwas geriebener Muskatnuß bestreuen. Warm oder kalt servieren.

Vanillezucker können Sie ganz leicht selbst herstellen: Eine Vanilleschote längs aufschlitzen und mit 250 g Zucker in ein fest verschließbares Glas geben und einige Tage durchziehen lassen.

KAPITEL 3

Der Dodekanes

Die „zwölf Inseln“ des Dodekanes (eigentlich sind es vierzehn) erheben sich kurz vor der türkischen Küste steil und felsig aus dem Meer. Wenn Sie dieses Paradies der Inseltouristen für sich entdecken wollen, nehmen Sie am besten einen Fährenfahrplan mit. Dieser Fahrplan wird zwar nie ganz genau eingehalten, aber er genügt als Anhaltspunkt, und Sie können von Insel zu Insel hüpfen, hier zu Mittag, dort zu Abend essen, und Ihr ganz persönliches Inselgefühl auskosten.

Die lebendigsten kulinarischen Erinnerungen an den Dodekanes habe ich seltsamerweise immer in Verbindung mit einem Transportmittel. Da war zunächst die lange Überfahrt von Piräus nach Rhodos, auf der ich nicht nur süchtig nach Käsetaschen wurde (dem einzigen Nahrungsmittel außer Toastbrot, das es im Restaurant gab – zum Glück waren die Käsetaschen sehr gut) sondern auch einem herzergreifenden Volkslied verfiel, das natürlich von unglücklicher Liebe erzählt.

Als wir dann auf Rhodos das Geheimnis des undurchsichtigen Busfahrplans lüften konnten und daraufhin alle Winkel der Insel heimsuchten, was sich sein Erfinder nie hätte träumen lassen, kamen wir in den Genuß einer ungewöhnlichen Mahlzeit. Sie wurde uns in einer Taverne an einer lauten, hektischen und vielbefahrenen Straßenkreuzung serviert, und das Erstaunliche daran war, daß all diese Geräusche einer wunderbaren Ruhe wichen, als wir zuerst eine würzige Suppe mit Fisch und Gemüse bekamen, danach mit Garnelen gefüllte kalte Artischocken und zum Schluß einen Salat aus gegrillten Auberginen und Paprika. Und es war ein reiner Glücksfall, daß ich mitanhörte, wie der Busfahrer einem alten Freund erzählte, daß er eine Stunde früher als geplant abfahren wolle, damit er seine Frau zum Zahnarzt bringen könne. Der Rückweg zu Fuß wäre lang und sehr staubig gewesen!

Auf Karpathos wurde die Transportfrage zu einem echten Problem, denn man mußte über oder an dem Berg Kali Limni vorbei oder ihn mit dem Schiff umfahren, um in den abgelegenen Norden der Insel zu gelangen. Dort tragen die Frauen prachtvoll bestickte, juwelenbesetzte Gewänder, und die Dorfbe-

Links: „Hochhäuser“ in der Bucht von Karpathos.
Unten: Rhodos ist die Insel der Torbogen: Geschnitzte und mit Mustern verzierte Bogen verbinden die Jahrhunderte und säumen jede Straße.

wohner sprechen eine schwer verständliche Mischung aus Griechisch und einem dorischen Dialekt. Es ist nicht einfach, von Pigadia nach Diafani oder Olimbos zu gelangen, wenn die See für eine Fähre zu rauh wird, wenn der *kaiki*-Kapitän in den Flitterwochen ist und das zuverlässigste Fahrzeug, ein Auto mit Allradantrieb, in der Werkstatt steht. Vielleicht war es das Gefühl, etwas Besonderes erreicht zu haben, das den Lammbraten mit Quitten (siehe Seite 48) so unvergleichlich schmecken ließ.

Kos liegt nur einen Fährensprung von Kalymnos im Norden und Nisyros im Süden entfernt, und hier waren unsere Fahrräder der Schlüssel zu einem unvergeßlichen Essen. Zwei aus unserer Gruppe hatten ihre Fahrräder hoffnungslos ineinander verkeilt, als sie während einer Radtour den rotgold-purpurnen Sonnenuntergang über den nebelverhangenen Hügeln bestaunten. Diesen Tumult hörte ein älterer Mann, den wir später Onkel Ouzo tauften. Er kam aus einem Granatapfelhain hervor und lud uns in seinen Garten ein. Und rein zufällig – wie so etwas ja immer geschieht – brutzelten auf seinem Grill gerade eine Unmenge gigantischer Garnelen. Das sei die beste Medizin für aufgeschürfte Knie und verletzten Stolz, versicherte er uns, und er behielt Recht. Warum wir ihn übrigens Onkel Ouzo tauften, verrate ich Ihnen ein andermal.

* * *

KREBSE AUS DEM BACKOFEN

Kavouras sto fourno

Astipaläa liegt im Westen des Dodekanes. Diese sanduhrförmige Insel war in der Antike bekannt als Ichthyoessa, die Insel der Fische. Das lebhafte Feilschen und Handeln im Hafen und das Angebot fangfrischer Fische in den bescheidenen Tavernen der Fischerdörfer lassen den antiken Namen auch heute noch als durchaus passend erscheinen.

Wir hatten das Glück, ein Gericht probieren zu dürfen, das zwar nicht unbedingt als Spezialität der Insel gilt, aber an Fest- und Feiertagen von einer entzückenden Wirtin direkt am Meer serviert wird.

FÜR 6 PERSONEN
2 gekochte Krebse von je 1 kg
Salz
schwarzer Pfeffer
40 g Butter
100 g Pilze, in dünne Scheiben geschnitten
8 EL Rotwein
2 EL gehackte Petersilie
4 EL Crème double
2 Eier
0,3 l griechischer Joghurt
Muskat
50 g graviera- oder Gruyère-Käse, gerieben

Die gekochten Krebse auf den Rücken legen und die Scheren und Beine vom Panzer brechen. Die Schwanzplatte abheben und entfernen. Das Körperfleisch aus dem Panzer herauslösen und ausschaben; dabei unbedingt die Kiemenfortsätze entfernen. Die Beine und die Scheren aufbrechen und das Fleisch herauslöffeln. Das Körper- und das Beinfleisch miteinander vermischen, mit Salz und Pfeffer abschmecken und beiseite stellen.

Die Butter in einem kleinen Topf zerlassen und die Pilze darin bei mittlerer Hitze 3 – 4 Minuten anschwitzen, bis sie das Fett aufgenommen haben. Den Wein dazugeben, zum Kochen bringen und 3 – 4 Minuten kochen, bis ein Großteil der Flüssigkeit verdunstet ist. Den Topf vom Herd nehmen, die Petersilie und die Crème double unter die Pilze rühren, mit Salz und Pfeffer würzen. Die Mischung gleichmäßig auf sechs feuerfeste Schälchen verteilen – Sie können auch große Muschelschalen verwenden –, das Krebsfleisch darüber geben. Den Backofen auf 190°C vorheizen.

Die Eier mit dem Joghurt verrühren, mit Salz, Pfeffer und Muskat abschmecken und diese Sauce über das Krebsfleisch gießen. Mit geriebenem Käse bestreuen.

Die Förmchen in den Backofen (Mitte) schieben und die Krebse etwa 15 Minuten backen, bis die Sauce andickt und der Käse goldbraun ist. Heiß servieren.

GARNELEN IN WEINSAUCE

Garides krasates

Normalerweise bereitet mir die gelassene Ruhe vieler griechischer Wirte keine Probleme. Wer hat es schon eilig, wenn er bei einer Flasche Retsina gedankenverloren den Wellen zuschauen kann, während er auf das Essen wartet? Aber auf Simi waren wir in Eile. Denn das Schiff, das uns nach Rhodos zurückbringen sollte, kündigte bereits durch lautes Tuten die baldige Abfahrt an und unser Essen war gerade erst serviert worden.

Dies Gericht ist mir hauptsächlich wegen der ungewöhnlichen Hast, mit der wir alles (einschließlich der Sauce) in unsere Papierservietten schaufelten, in Erinnerung geblieben.

FÜR 4 PERSONEN
50 g Butter
1 mittelgroße Zwiebel, gehackt
1 Knoblauchzehe, fein gehackt
225 g Tomaten aus der Dose, gehackt
2 – 3 Thymianzweige
1 Zimtstange, 5 cm lang
0,1 l Weißwein
Salz
schwarzer Pfeffer
750 g Garnelen, ausgelöst
5 EL Crème double
1 EL gehackte Petersilie

Die Butter in einem Topf zerlassen und die Zwiebeln darin bei mittlerer Hitze glasig dünsten. Den Knoblauch dazugeben und 1 – 2 Minuten mitdünsten. Die Tomaten, den Thymian, die Zimtstange und den Wein dazugeben und mit Salz und Pfeffer abschmecken.

Die Sauce zum Kochen bringen, dann die Hitze reduzieren und etwa 20 Minuten leise köcheln lassen, bis sie eingedickt ist. Die Thymianzweige entfernen. Wenn die Sauce glatt sein soll, müssen Sie sie in einem Mixer pürieren. In diesem Fall die Sauce in den gesäuberten Topf zurückgeben, die Garnelen einrühren und erhitzen. Die Crème double darunterrühren. Die Sauce abschmecken und vor dem Servieren mit Petersilie bestreuen. Als Beilage paßt gekochter Reis.

THUNFISCH IN KNOBLAUCHSAUCE

Tonnos me skordalia

Einer unserer Besuche auf Rhodos fiel mit dem Auftakt der Thunfischsaison zusammen, die Anfang September beginnt. Und alle Tavernenbesitzer am Hafen schienen miteinander wetteifern zu wollen, wer diesen saftigen Fisch am besten zubereitet – sei es nun fritiert, gebacken, gegrillt oder mit und ohne Sauce.

Einer unserer Freunde probierte damals zum ersten Mal in seinem Leben diese Knoblauchsauce – *skordalia* – und orderte sie anschließend bei jeder Bestellung: zu Kartoffeln, Bohnen, Steaks, Koteletts, Hühnchen; selbst trockenes Brot überhäufte er damit.

FÜR 4 PERSONEN
4 EL Mehl
Salz
schwarzer Pfeffer
1 EL getrockneter Oregano
4 Thunfischfilets von je 175 – 200 g, gewaschen und getrocknet
Öl zum Fritieren
Zitronenspalten zum Garnieren

SAUCE
4 dicke Scheiben altes Brot, ohne Kruste
6 Knoblauchzehen, in Scheiben geschnitten
3 EL Zitronensaft
0,15 l Olivenöl
Salz
schwarzer Pfeffer
2 EL gehackte Petersilie (nach Wunsch)

Für die Sauce das Brot zerkleinern und in eine Schüssel geben, mit Wasser bedecken und 15 – 20 Minuten einweichen lassen. Das Brot in ein feines Sieb geben und die Flüssigkeit auspressen.

Das Brot, den Knoblauch und den Zitronensaft im Mixer pürieren. Das Öl unter ständigem Rühren teelöffelweise dazugeben (Das erinnert ein wenig an die Herstellung von Mayonnaise, ist aber lange nicht so schwierig.)

Die Sauce in eine Schüssel geben, mit Salz und Pfeffer würzen und (nach Wunsch) die Petersilie darunterrühren. Einen Deckel auflegen und die Sauce 1 Stunde ziehen lassen.

Das Mehl mit Salz, Pfeffer und Oregano mischen. Die Thunfischfilets darin wenden.

Das Fritieröl in einer großen Bratpfanne mit dickem Boden erhitzen und die Fischfilets je nach Stärke 4 – 5 Minuten pro Seite darin fritieren, bis das Fleisch gar ist.

Den Fisch mit Zitronenspalten garnieren und servieren. Die Sauce separat dazu reichen.

Leider neigen heutzutage selbst die traditionellsten griechischen Köche dazu, Pommes frites zu diesem klassischen Gericht zu servieren. Sie könnten ruhig ein wenig gegen den Strom schwimmen und statt dessen Salzkartoffeln dazu reichen. Meiner Ansicht nach passen sie wesentlich besser zu der kräftigen, cremigen Sauce.

MUSCHELPILAW

Midia pilafi

Die Männer von Kalymnos sind nicht einfach nur Fischer, sondern Schwammfischer. Und wenn sich die Flotte im Frühjahr auf ihre lange und gefährliche Reise bis vor die Küsten Ägyptens und Libyens begibt, wird man Zeuge herzzerreißender Abschiedsszenen. Mit ein bißchen Glück werden Sie zu einem traditionellen Abschiedsessen – dem Liebesmahl – eingeladen.

Wir dagegen befanden uns unversehens mitten in einer Familienfeier ganz anderer Art, als wir in einer Taverne am Hafen eine schmackhafte Muschelplatte aßen: Eine Hochzeitsgesellschaft kam den Strand entlang auf uns zu und tanzte dabei Sirtaki. Die Griechen verstehen wirklich etwas vom Feiern.

FÜR 4 PERSONEN

5 EL Olivenöl
2 mittelgroße Zwiebeln, fein gehackt
1 kg Muscheln, abgebürstet und gewaschen
0,15 l Weißwein
225 g Langkornreis, gewaschen und abgetropft
Salz
schwarzer Pfeffer
5 EL Crème double
2 EL gehackte Petersilie
Zitronenspalten zum Garnieren

Das Öl in einem großen Topf erhitzen und die Zwiebeln darin bei mittlerer Hitze glasig dünsten. Die Muscheln dazugeben (geöffnete wegwerfen, sie sind schlecht) und umrühren, bis sie sich zu öffnen beginnen. Den Wein und 0,45 Liter Wasser in den Topf gießen und zum Kochen bringen. Im geschlossenen Topf etwa 10 Minuten bei schwacher Hitze leise köcheln lassen. Den Topf vom Herd nehmen und die Muscheln mit einem Schaumlöffel herausheben. Alle Muscheln wegwerfen, die sich noch nicht geöffnet haben, sie sind verdorben.

Den Reis in den Topf geben, mit Salz und Pfeffer abschmecken, gut umrühren und 10 – 15 Minuten kochen lassen, bis er fast gar ist. Wenn beim Kochen zuviel Feuchtigkeit verdunstet, ein wenig Wasser dazugeben.

In der Zwischenzeit die Muscheln aus ihren Schalen lösen und die Schalen wegwerfen. Die Muscheln in den Topf geben, die Crème double darunterrühren und das Ganze abschmecken. Das Gericht nochmals erwärmen, mit Petersilie bestreuen und mit Zitronenspalten garniert servieren.

Reichen Sie dazu einen Tomatensalat mit Olivenöl und einer großzügigen Schicht roter Zwiebelringe.

Links: Muschelpilaw.

LAMMBRATEN MIT QUITTEN

Arni psito me kidonia

Karpathos liegt auf halber Strecke zwischen Rhodos und Kreta, und im Vergleich zu ihren Nachbarn erfreut sich diese Insel relativer Ruhe und Abgeschiedenheit. Karpathos, mit seinen grünen Tälern und fruchtbaren Ebenen, deren Muster einem kunstvoll gewebten Teppich ähneln, ist bekannt für seine herrlichen Früchte.

Im Spätherbst, wenn riesige goldene Quitten wie bunte Lichter in den laublosen Bäumen leuchten, bereiten die Karpather dieses traditionelle Sonntagsgericht.

FÜR 6 PERSONEN
1 Lammkeule ohne Knochen, etwa 2 kg
2 EL Zitronensaft
2 EL Olivenöl
Salz
schwarzer Pfeffer
1 EL getrockneter Oregano
Zitronenspalten zum Garnieren

FÜLLUNG
3 EL Olivenöl
1 mittelgroße Zwiebel, gehackt
25 g Butter
225 g reife Quitten, geschält und kleingehackt (ersatzweise Äpfel)
50 g Langkornreis, gewaschen und abgetropft
50 g abgezogene Mandeln, gehackt
1 TL gemahlener Kreuzkümmel
0,2 l naturtrüber Apfelsaft oder Wasser
3 EL gehackte Petersilie
2 EL Zitronensaft
Salz
schwarzer Pfeffer

Für die Füllung das Öl in einer großen Pfanne erhitzen und die Zwiebel darin glasig dünsten. Die Butter dazugeben und zerlassen. Die Quitten und den Reis dazugeben und gut durchrühren.

Etwa 2 Minuten bei mittlerer Hitze kochen lassen, die Mandeln und den Kreuzkümmel dazugeben und den Apfelsaft oder das Wasser darüber gießen. Gut durchrühren, wieder zum Kochen bringen. In der geschlossenen Pfanne bei schwacher Hitze etwa 8 Minuten leise köcheln lassen, bis der Reis weich ist und einen Großteil der Flüssigkeit aufgenommen hat. Die Pfanne vom Herd nehmen, die Petersilie und den Zitronensaft darunterrühren und mit Salz und Pfeffer würzen. Abkühlen lassen. Den Backofen auf 220°C vorheizen.

Die Masse in die Höhlung der Lammkeule füllen, die Öffnung mit Küchengarn zunähen. Das Fleisch rundherum mit Zitronensaft, Olivenöl und Oregano einreiben und mit Salz und Pfeffer würzen.

Die Lammkeule in einen Bräter legen und im Backofen (unten) etwa 15 Minuten braten. Dann die Temperatur auf 190°C reduzieren und das Fleisch weitere $1^1/_2$ – 2 Stunden schmoren lassen, dabei das Fleisch einmal wenden.

Die Lammkeule vor dem Tranchieren etwa 15 Minuten ruhen lassen, sonst tritt beim Anschneiden zuviel Fleischsaft aus. Mit Zitronenspalten garnieren und servieren.

LAMM MIT RÖMISCHEM SALAT

Arni me maroulia

In der Nähe der Stadt Kos auf der Insel Kos studierten wir eine Karte des antiken Asklepieion – hier waren im vierten Jahrhundert vor Christus ein Krankenhaus und eine Heilkunstschule untergbracht –, als uns ein freundlicher junger Grieche im breitesten Amerikanisch aus unseren Träumen riß: „Schon mal was von Hippokrates gehört? War'n ziemlich schlauer Typ.“ Seitdem wird der große Arzt in unserer Familie nur noch unter dieser Bezeichnung geführt!

Dieses köstliche Frühlingsgericht enthält einen knackigen und festen grünen Salat, der seinen Namen seiner griechischen Heimatinsel verdankt.

FÜR 4 PERSONEN
4 EL Olivenöl
1 kg Lammfleisch von der Schulter, gewürfelt
2 mittelgroße Zwiebeln, in Scheiben geschnitten
2 Stangen junger Lauch, in dünne Scheiben geschnitten
0,45 l heißes Wasser (oder Hühnerbrühe)
0,15 l Weißwein
Salz
schwarzer Pfeffer
4 EL frischer, gehackter Dill oder 1 EL getrockneter Dill
1 kleiner Kos-Salat (Römischer Salat), ohne Außenblätter, geachtelt
3 Eier
Saft von 2 Zitronen
2 EL gehackte Petersilie

Das Öl in einem großen Topf erhitzen und die Hälfte des Lammfleischs bei mittlerer Hitze unter ständigem Rühren darin leicht anbraten. Das Fleisch mit einem Schaumlöffel herausheben, die zweite Hälfte hineingeben und anbraten, ebenfalls herausnehmen und beiseite stellen.

Die Zwiebeln in den Topf geben und 2 – 3 Minuten anbraten, dabei gelegentlich umrühren. Den Lauch hineingeben und 3 Minuten mitbraten.

Das Fleisch wieder in den Topf geben, das Wasser und den Wein angießen, mit Salz und Pfeffer abschmecken und den Dill einrühren. Unter Rühren zum Kochen bringen und im geschlossenem Topf bei schwacher Hitze etwa 1 Stunde leise köcheln lassen.

Die Salatstücke in den Topf geben und etwa 15 Minuten mitdünsten lassen, sie sollten weich sein, aber immer noch leichten „Biß" haben.

Die Eier mit dem Zitronensaft und 2 Eßlöffel Wasser verquirlen. 5 – 6 Eßlöffel der heißen Garflüssigkeit darunterziehen. Die Eier unter das Lammfleisch rühren, nicht mehr kochen lassen, da die Eier sonst gerinnen. Bei schwacher Hitze noch 2 – 3 Minuten erhitzen. Mit Petersilie bestreuen und servieren.

Zu diesem Gericht schmecken in Butter geschwenkte Nudeln mit gehackter Petersilie besonders gut.

Oliven

Wer auch immer als erster eine wilde, reife Olive vom Baum gepflückt und gekostet hat, hätte den Handel mit eingelegten Oliven beendet, bevor er beginnen konnte. Es ist nämlich kaum vorstellbar, daß der bittere, scharfe Geschmack der rohen Frucht neutralisiert wird, wenn sie in Salzlake eingelegt wird. Aber glücklicherweise ist genau das der Fall!

Der unangenehme Beigeschmack stammt von einem bitteren Alkaloid, das durch Einlegen der Olive in einer stark alkalihaltigen Lösung neutralisiert wird. Das gleiche geschieht auch, wenn grüne Oliven in Steinsalz eingelegt werden.

Die Fässer, Tonnen und Säcke voller Oliven, die auf den großen Märkten so verlockend ausgebreitet werden, zeigen deutlich, daß es nicht allein um die Wahl zwischen schwarzen, sonnenreifen und grünen, halbroh geernteten Früchten geht. So einfach ist die Entscheidung nicht. Die Unterschiede in Größe, Form, Farbe und Geschmack sind gravierend, und darum wird kein Händler etwas dagegen haben, wenn Sie alle Sorten probieren wollen, bevor Sie eine endgültige Wahl treffen.

Die reifen Oliven von Korfu werden in riesigen Hainen geerntet, die fast die ganz Insel bedecken. Sie sind pechschwarz und glänzend, und eignen sich besonders für Salate. Auf den Sporaden wachsen rundere, etwas fleischigere Sorten, und die Oliven aus Samos, *throumbes* genannt, sind kupferfarben und ein wenig runzlig. Auf Thasos gedeihen Oliven mit dem vielleicht bittersten Geschmack, während die Oliven aus Kalamata auf dem Peloponnes – die gleiche Sorte wird auch auf Kreta angebaut – wesentlich milder schmecken.

Die Kalamata-Oliven, die zum Glück auch bis zu meinem Feinkosthändler vorgedrungen sind, eignen sich hervorragend zum Garnieren, und ihr Farbenspiel (dunkelblau, braun, purpur- oder malvenfarben) harmoniert ausgezeichnet mit einem frischen Strauß purpurfarbenen Salbeis.

Ob Sie Oliven offen oder abgepackt kaufen oder in einer Flasche mit Salzlake eingelegt: Sie sollten die Oliven in jedem Fall unter fließendem Wasser abspülen, in ein Einmachglas schichten und mit Olivenöl bedecken. Dann geben Sie je nach Wunsch ein paar Koriandersamen dazu, eine oder zwei Knoblauchzehen, etwas Thymian oder einige Lorbeerblätter. Danach verschließen Sie das Glas und lagern es an einem dunklen, kühlen Ort – aber nicht im Kühlschrank. Wenn Sie die Oliven aufgebraucht haben, wird das Öl sehr pikant und sehr „griechisch" schmecken. Man kann es ausgezeichnet für Salatsaucen oder zum Kochen verwenden.

Und was die Oliven selbst betrifft – ich glaube, Sie werden einen großzügigen Vorrat davon benötigen, denn die Serviervorschläge sind endlos: in einer Schale zum *ouzo*, im griechischen Bauernsalat, in einem Schmortopf mit Huhn, in einer Füllung für Hähnchen und anderes Geflügel, in einem köstlichen Gewürzbrot, als kleiner Imbiß mit dicken Brotscheiben und einem Glas Retsina oder einfach als Garnierung für jedes schmackhafte Gericht.

HUHN MIT OLIVEN

Kotopoulo me elies

Wenn man aus dem lebhaften Treiben der Stadt Kos an die Hänge des Berges Diktäo fährt, und dort die Dörfer um Asfendiou besucht, ist es, als würde man die Uhr zurückdrehen.

Ein kleiner Junge rennt auf uns zu und versucht, eine Fahrt auf unseren Fahrrädern zu erbetteln, seine Mutter beschenkt uns mit Zuckermandeln und ein Nachbar bricht uns ein Stück von seinem knusprigen Brot ab, das frisch aus dem Steinofen kommt und köstlich nach Rosmarin duftet. Dann wird ein Topf voller Gewürze und saftiger schwarzer Oliven in den Ofen geschoben… Etwa so ist es gewesen.

FÜR 4 PERSONEN

1 Hähnchen, gewaschen und in 4 Teile zerlegt
Salz
schwarzer Pfeffer
25 g Butter
4 EL Olivenöl
2 mittelgroße Zwiebeln, in Scheiben geschnitten
0,2 l Weißwein
1 Zimtstange
2 TL Fenchelsamen, grob zerrieben
1 TL Kreuzkümmel
1 TL Speisestärke
etwa 24 große schwarze Oliven
1 EL Zitronensaft
2 EL gehackte Petersilie

Die Hühnerteile rundherum mit Salz und Pfeffer würzen. Die Butter und das Öl in einer großen Pfanne erhitzen und die Hühnerteile bei mittlerer Hitze darin goldbraun anbraten. Das Fleisch herausnehmen und beiseite stellen.

Die Zwiebeln in der Pfanne glasig dünsten, dann die Hühnerteile wieder in die Pfanne geben. Den Wein angießen und die Zimtstange dazugeben. Fenchel und Kreuzkümmel in einem Mullbeutelchen dazugeben. Die Sauce über die Hühnerteile löffeln. Zum Kochen bringen und in der geschlossenen Pfanne bei schwacher Hitze 35 – 40 Minuten leise köcheln lassen, bis das Fleisch fast gar ist.

Den Zimt und das Gewürzbeutelchen entfernen. Die Speisestärke mit 2 Eßlöffel Wasser verrühren und in die Sauce rühren. Die Oliven und den Zitronensaft dazugeben und bei mittlerer Hitze weitere 10 – 15 Minuten leise köcheln lassen, bis die Hühnerteile gar sind. Zur Garprobe mit einem Spießchen in den dicken Teil einer Keule stechen: der austretende Saft sollte klar, nicht rosig sein. Die Sauce nach Wunsch abschmecken.

Die Hühnerteile auf einer vorgewärmten Platte arrangieren und mit Petersilie bestreuen.

Als Beilage serviert man in Butter geschwenkte Nudeln oder gekochten Reis.

Oben: Ein Glockenturm, runde Kuppeln und hohe Masten: die Hafenkulisse von Kalymnos. Unten: Ein Steinofen auf Karpathos wird gefüllt. Rechts: Huhn mit Oliven.

KALBSRAGOUT

Moscharaki stifado

Das Sonnenlicht auf Patmos muß besondere Eigenschaften besitzen. Strahlendes Licht, ein goldener Glanz umgibt die eindrucksvollen Umrisse des imposanten Klosters der Offenbarung, das im 11. Jahrhundert zu Ehren des heiligen Johannes erbaut wurde, und taucht die Terrassenfelder unterhalb des Klosters in ein warmes Rotbraun.

Wir blieben – wie der größte Teil des alten Dorfes Chora – die meiste Zeit im Schatten des Klosters und kehrten jeden Tag zu einem einfachen Essen dorthin zurück. Manchmal gab es Lamm, manchmal Zicklein und manchmal, so wie in diesem Fall, zartes Kalbfleisch, gewürzt mit Zitronen.

FÜR 4 PERSONEN
6 EL Olivenöl
1 kg Kalbsgulasch
450 g kleine Zwiebeln oder Schalotten
4 Knoblauchzehen, fein gehackt
4 große Tomaten, abgezogen und gehackt
2 Lorbeerblätter
1 TL getrockneter Thymian
1 Zimtstange
0,15 l Weißwein
2 EL Zitronensaft
0,45 l schwache Hühnerbrühe oder Wasser
Salz
schwarzer Pfeffer

Das Öl in einem großen Topf erhitzen und das Kalbfleisch darin in zwei Portionen bei mittlerer Hitze rundherum anbraten. Das Fleisch mit einem Schaumlöffel herausheben und beiseite stellen.

Die Zwiebeln in den Topf geben und etwa 4 – 5 Minuten anbraten, bis sie leicht gebräunt sind. Den Knoblauch hinzufügen und 1 Minute mitbraten. Danach das Fleisch, die Tomaten, die Lorbeerblätter, den Thymian und die Zimtstange in den Topf geben und den Wein, den Zitronensaft und die Brühe oder das Wasser darüber gießen. Mit Salz und Pfeffer würzen und gut durchrühren. Zum Kochen bringen und im geschlossenen Topf bei schwacher Hitze $1^1/_2$ – $1^3/_4$ Stunden leise köcheln lassen. Immer wieder umrühren. Ist zu wenig Flüssigkeit im Topf, Wasser oder Brühe nachgießen.

Die Sauce abschmecken und die Lorbeerblätter und den Zimt entfernen.

Mit Salzkartoffeln oder kurz blanchiertem Spinat servieren. In Griechenland reicht man dazu auch wildes Blattgemüse in Olivenöl und Zitronensaft.

REBHUHN MIT SPAGHETTI

Perdikes me makaronia

Nisyros ist eine Insel der Konstraste. Sie wird überragt vom furchteinflößenden Gipfel eines mittlerweile erkalteten Vulkans; dagegen wirken die blendend weißen Häuser, als wären sie aus Zuckerguß.

Ich habe Nisyros in besonderer Erinnerung, weil uns ein Tavernenbesitzer dort mit einem verschwörerischen Lächeln einen Teller „einfache-Spaghetti“ servierte: unter den Nudeln versteckt war ein Rebhuhn, allerdings war für dieses Geflügel im Augenblick keine Jagdsaison. Ein Augenzwinkern versteht man eben in jeder Sprache.

FÜR 4 PERSONEN
2 große Rebhühner, küchenfertig, gewaschen und trockengetupft
2 EL Zitronensaft
Salz
schwarzer Pfeffer
50 g Butter
3 EL Olivenöl
350 g Spaghetti
2 EL gehackte Petersilie

SAUCE
3 EL Olivenöl
2 mittelgroße Zwiebeln, in Scheiben geschnitten
2 Knoblauchzehen, gehackt
2 Stangen Bleichsellerie, in dünne Scheiben geschnitten
2 mittelgroße Möhren, in Würfel geschnitten
450 g Tomaten aus der Dose, gehackt
0,1 l Rotwein
2 TL Zucker
2 Lorbeerblätter
1 EL getrockneter Oregano
Salz
schwarzer Pfeffer

Den Backofen auf 180°C vorheizen. Die Rebhühner mit Zitronensaft beträufeln und gründlich mit Salz und Pfeffer einreiben. Die Butter und das Öl in einem Bräter zerlassen, die Rebhühner in die Pfanne legen, mit dem Fett übergießen und im Backofen 40 – 45 Minuten braten. Dabei gelegentlich mit dem Fett übergießen.

Für die Sauce das Öl in einem Topf erhitzen und die Zwiebeln darin bei mittlerer Hitze glasig dünsten. Den Knoblauch, den Sellerie und die Möhren dazugeben und 2 – 3 Minuten mitdünsten; dabei gelegentlich umrühren. Die Tomaten, den Wein, den Zucker, die Lorbeerblätter und den Oregano dazugeben, mit Salz und Pfeffer würzen und die Sauce zum Kochen bringen. Im offenen Topf bei schwacher Hitze 30 – 35 Minuten leise köcheln lassen. Danach die Lorbeerblätter entfernen.

Die Spaghetti in einem großen Topf mit kochendem Salzwasser 10 – 12 Minuten kochen (oder den Anweisungen auf der Packung folgen). Die Spaghetti in ein Sieb geben, unter fließendem kaltem Wasser abschrecken und abtropfen lassen.

Die Spaghetti mit der Sauce mischen, in eine vorgewärmte Schüssel geben und mit Petersilie bestreuen. Die Rebhühner halbieren und auf die Spaghetti legen – diesmal müssen sie nicht versteckt werden!

Dazu schmeckt ein frischer, gut gekühlter Salat.

GRANATÄPFEL A LA RHODOS

Rodia se siropi

Wenn Sie sich jemals gefragt haben, ob man Granatäpfel so appetitlich auf den Tisch bringen kann, wie sie am Baum wirken, dann lesen Sie weiter. Ich bekam dieses Rezept von der Besitzerin eines Obstgartens, irgendwo zwischen Petaloudes, dem Tal der Schmetterlinge, und der antiken Stadt Kamiros, einem Kleinod der Geschichte des Altertums. Sie holte einen Steinkrug mit diesem schäumenden Dessert aus ihrem Kühlschrank, wo man es wochenlang aufbewahren kann. Wenn man das Dessert dagegen zimmerwarm serviert, kann man sich vorstellen, daß die Früchte noch warm sind von den Strahlen der untergehenden Sonne.

FÜR 4 PERSONEN

3 Granatäpfel
100 g Zucker
1 dünn abgeschälter Streifen einer unbehandelten Orange
1 EL Orangensaft
2 EL Orangenblütenwasser

Die Früchte halbieren und die Kerne mit einem Löffel herausschaben. Die weißen Trennwände entfernen und die Kerne in eine kleine Schale legen.

Den Zucker, die Orangenschale und den Orangensaft mit 1/4 Liter Wasser in einen Topf geben. Bei schwacher Hitze unter ständigem Rühren den Zucker auflösen. Aufkochen und etwa 5 Minuten bei starker Hitze kochen lassen, bis ein dickflüssiger Sirup entsteht. Den Topf vom Herd nehmen, die Orangenschale entfernen und das Orangenblütenwasser einrühren.

Den Sirup über die Granatapfelkerne gießen und umrühren. Die Schale zudecken und über Nacht kühl stellen.

Das leuchtende Dunkelrot dieses Desserts kommt am besten zur Geltung, wenn Sie es in kleinen, weißen Porzellanschalen servieren. Sie können die Schalen auch (obwohl die Griechen so etwas nie tun) mit duftenden Blättern garnieren, beispielsweise zitronen- oder rosenduftenden Pelargonienblättern.

Rosmarin

Rosmarin ist eine robuste Strauchpflanze, die selbst auf schlechtesten Böden und unter glühender Sonne noch gut gedeiht. Die Legende sagt, daß er ursprünglich zierliche weiße Blüten trug, bis eines Tages die Jungfrau Maria ihren blauen Umhang zum Trocknen über einen Rosmarinstrauch legte. Da paßte der Rosmarin seine Farbe dem Blau ihres Umhangs an, und bis heute hat er diese Farbe behalten. Einer anderen Legende zufolge werden seine Sträucher nie höher wachsen als Jesus Christus groß war.

Der Rosmarinstrauch wächst überall in Griechenland wild. Seinen dichten Büschen begegnet man vor den Türen vieler Bauernhäuser, aber vor allem an der Küste – sein lateinischer Name bedeutet „Meeresgischt“.

Die Griechen der Antike benutzten die Pflanze bei religiösen Zeremonien und öffentlichen oder privaten Festen, wo Rosmarin wie Weihrauch verbrannt wurde. In späteren Zeiten nahm man an, daß Rosmarin das Gedächtnis stärken würde, und so entwickelte sich die Pflanze zu einem Symbol der Treue und wurde deshalb auf Hochzeiten dem Brautpaar geschenkt.

Rosmarin wirkt auf Bienen sehr anziehend. Versuchen Sie einmal Honig von Rosmarinblüten: Er ist von ganz besonders guter Qualität. Die griechischen Köche benutzen Rosmarin allerdings nur sehr spärlich und geben ein oder zwei Zweige in einen Auflauf, zum Fisch oder zum Brot, zum Fruchtsirup oder zu Eingelegtem. Aber in vielen Küchen oder Wohnzimmern hängen große Sträuße dieser graugrünen stachligen Pflanze: blühend ist sie ein guter Schutz vor Insekten und verströmt einen angenehmen Duft.

Ganz oben: Auf den Inseln ist der Fischfang ein Familienunternehmen. Hier auf Astipaläa helfen die Kinder bei den Netzen. Oben: Auf Kalymnos stehen landschaftliche und kirchliche Architektur in harmonischem Einklang miteinander. Rechts: Auf Patmos findet man in mittelalterlicher Umgebung Augenblicke kontemplativer Ruhe.

Joghurt

In Griechenland habe ich miterlebt, wie Joghurt bei Sonnenaufgang aus frischer Ziegenmilch gemacht wurde, und ihn noch warm bei Sonnenuntergang gegessen, mit etwas Olivenöl beträufelt und mit frischen Kräutern bestreut. Ich habe auch die industrielle Joghurtherstellung kennengelernt, bei der der Produktionsablauf unter wissenschaftlicher Kontrolle steht und jede Joghurtpalette mit der nächsten identisch ist – und ebenso köstlich. Und ich habe selbst Joghurt hergestellt, zu Hause und auf vielen der griechischen Inseln. Dabei habe ich vom Blumentopf bis zum elektrischen Joghurtbereiter alle Herstellungsmöglichkeiten ausprobiert – und Joghurt ist immer noch meine absolute Lieblingsspeise!

Man nimmt an, daß Joghurt zuerst von Nomadenstämmen entdeckt wurde, die auf ihrem Zug von einem Lager ins nächste frische Milch mit sich führten. Die Milch transportierten sie dabei in Schläuchen aus Schafsmägen. Da man das Verfahren der Sterilisation noch nicht kannte, war die Milch sowohl der regen Aktivität der Bakterien als auch der Wärme der Sonne ausgesetzt. Deshalb dickte sie im Laufe der Zeit zwar ein, wurde dabei aber nicht sauer, weil es sich glücklicherweise um die richtigen Bakterien handelte.

Das Prinzip ist einfach. Joghurt benötigt zwei Bakterienarten: Lactobacillus bulgaricus, der zwischen 45 und 47°C sehr gut gedeiht, und Streptococcus thermophilus, der besonders produktiv ist bei 37 bis 42°C. Sie müssen nur noch für die idealen Wachstumsbedingungen der Bakterien sorgen, also die Milch erhitzen, die Joghurtkulturen einrühren und das Ganze warm halten.

Für die Joghurtherstellung können Sie jede Art von Milch verwenden – Schafsmilch, Kuhmilch, Ziegenmilch, sogar Eselsmilch, falls Sie sich in dem Teil der Welt aufhalten, wo man Eselsmilch bekommen kann. Die Milch darf pasteurisiert oder nicht pasteurisiert sein, homogenisiert oder ultrahocherhitzt; Sie können Milchpulver mit Wasser vermischen, so lange Sie sich an die Gebrauchsanweisung auf der Packung halten, oder Büchsenmilch mit etwas Wasser verdünnen; auch entrahmte oder teilentrahmte Milch läßt sich verwenden (dann wird Ihr Joghurt allerdings nicht besonders kräftig und sahnig) und, bei besonderen Gelegenheiten, sogar Sahne oder Crème double. Die einzige Milchsorte, die mich in dieser Hinsicht je enttäuscht hat und zu einem katastrophalen Ergebnis führte, war tiefgefrorene Ziegenmilch, die ich auf einer Farm in unserer Nachbarschaft gekauft habe.

Was die Joghurtkulturen betrifft, so können Sie einfach einen Löffel selbstgemachten oder gekauften Naturjoghurt verwenden oder Joghurtfermente, die es in jedem Reformhaus zu kaufen gibt.

Sofern sie nicht schon sterilisiert wurde, bringen Sie zunächst die Milch zum Kochen (etwa 95°C) und lassen sie dann auf etwas über Körpertemperatur abkühlen, also auf rund 43°C. Für je 0,6 Liter Milch müssen Sie einen gehäuften Teelöffel Joghurt rechnen. Vermischen Sie den Joghurt zuerst mit ein wenig warmer Milch und rühren Sie diese Mischung dann langsam unter die restliche Milch. Nehmen Sie Joghurtfermente, beachten Sie bitte die Anweisungen auf der Packung.

Gießen Sie die Milch entweder in einen großen oder mehrere kleine Behälter – ausgespülte Joghurtbecher wären natürlich ideal – und stellen sie für etwa 8 Stunden an einen warmen Ort, zum Beispiel in einen Trockenschrank oder auf einen Boiler. Sie können die Milch auch in eine Thermosflasche gießen und so für eine konstant günstige Temperatur sorgen. Genauer arbeitet allerdings einer der vielen elektrischen Joghurtbereiter, die es im Fachhandel zu kaufen gibt.

Wenn der Joghurt reif ist, läßt er sich bis zu fünf Tage lang im Kühlschrank aufbewahren. Alter Joghurt wird wässrig und kann auch nicht mehr als Joghurtkultur für die nächste Produktion verwendet werden.

APRIKOSENMARMELADE

Verikoko gliko

Während eines Aufenthaltes bei einer Familie, deren Dorf einen anstrengenden Fußmarsch weit von der Stadt Rhodos entfernt liegt, gaben wir uns einem gemächlichen Tagesablauf hin. Mein Mann ging jeden Morgen zusammen mit dem Hausherrn in die Berge und sammelte Salbeiblätter, aus denen ein farbloser Tee gebraut wurde, zur Vorbeugung gegen die Krankheiten des Winters. Ich half im Haus bei der Verarbeitung selbstgezüchteter Aprikosen und rührte in großen Kesseln mit Kompott.

Das allmorgendliche Frühstück bestand aus selbstgebackenem Brot, der selbstgemachten Aprikosenmarmelade, Rührkuchen und Joghurt, und es wurde begleitet von zartem Vogelgezwitscher. Kein schlechtes Leben!

FÜR ETWA 2 KG
1,5 kg Aprikosen
75 g abgezogene, halbierte Mandeln
Saft und Schale von 2 unbehandelten Zitronen
2 TL Pimentkörner, zerstoßen
1,5 kg Zucker
4 EL Weinbrand

Die Aprikosen waschen, halbieren und entkernen. Mit den Mandeln, dem Zitronensaft und 0,45 Liter Wasser in einen Topf geben. Die Zitronenschale abschneiden, zusammen mit den Pimentkörnern in einem Mullbeutelchen in den Topf geben.

Aufkochen, die Hitze reduzieren und bei schwacher Hitze etwa 20 Minuten leise köcheln lassen, bis die Früchte weich sind.

Den Zucker langsam einrühren und bei schwacher Hitze unter ständigem Rühren auflösen, dann die Hitze erhöhen und die Marmelade 10 – 15 Minuten sprudelnd kochen lassen, bis sie eindickt. Das Mullbeutelchen entfernen und den Weinbrand einrühren.

Die Marmelade in warme, saubere Gläser füllen. Mit Butterbrotpapier und mit Klarsichtfolie oder einem Schraubverschluß verschließen. Die Gläser beschriften und an einem kühlen, dunklen und trockenen Ort lagern.

QUITTENPASTE

Kydonopasto

Als wir auf unseren Fahrrädern über die Insel Karpathos sausten, winkte uns kurz vor Piles, einem faszinierenden, altertümlichen Dorf, ein Mann zu, der dort anscheinend gerade Korn aussiebte. Jedenfalls hielt er ein großes Sieb in den Händen, das er kräftig schüttelte. Aber weit gefehlt. Er erklärte uns , daß dies die einzig effektive Methode sei, Kaktusfeigen von ihren boshaften kleinen Stacheln zu befreien. Zu Hause verarbeitete seine Frau die nun harmlosen rosigen Früchte zu einer dicken, klebrigen Masse, die sie mit abgezogenen Mandeln übersäte. Zu dieser Süßigkeit trinkt man immer ein Glas Eiswasser. Da ich zu Hause keine Kaktusfeige bekam, habe ich statt dessen Quitten verwendet.

FÜR ETWA 1,5 KG
1 kg Quitten, geschält,
entkernt und in Scheiben geschnitten
1 kg Zucker
225 g abgezogene, halbierte Mandeln
Puderzucker, zum Bestäuben (nach Wunsch)

Die Quitten mit 1 Liter Wasser in einen großen Topf geben und so lange bei mittlerer Hitze kochen, bis sie weich sind. Das Wasser abgießen die Früchte mit einer Gabel zerdrücken, in einen Mixer geben und pürieren.

Den Topf säubern, das Püree hineingeben und bei schwacher Hitze unter ständigem Rühren etwa 30 Minuten köcheln lassen, bis nahezu alle Flüssigkeit verdampft ist.

Den Zucker langsam in das Püree rühren. So lange rühren, bis sich der Zucker aufgelöst hat. Das Püree eingedicken lassen, dabei immer wieder umrühren. Die Masse hat die richtige Konsistenz, wenn man mit einem Holzlöffel eine Linie ziehen kann, die kurz bestehen bleibt. Das kann 1 – 1½ Stunden dauern.

Die feste, dunkelrote und durchsichtige Masse auf ein leicht geöltes Backblech von 33 x 22 cm geben, mit den Mandeln garnieren und fest werden lassen.

Die Quittenpaste in kleine Rauten schneiden, nach Wunsch mit Puderzucker bestäuben und servieren.

KAPITEL 4

Kreta

Kreta, das seit der Jungsteinzeit ständig besiedelt ist, hat seine eigene kulinarische Geschichte. Verschiedene Geschichten, um genau zu sein, denn die Gebirgsketten unterteilen die Insel nicht nur geografisch, sondern begünstigten auch starke kulturelle Unterschiede.

Die fruchtbare Lasithi-Ebene, deren Landschaft von zahlreichen Windmühlen geprägt ist, gleicht einem üppigen Korb voller Früchte, Gemüse und Nüsse. Ihre Regionalküche, eingeschlossen die farbenprächtigen Gemüsepittas, kann sich sehen lassen. Der Osten Kretas ist ein tropisches Paradies: Grüngesprenkelte Bananen werden direkt vom Baum verkauft und die Sandstrände von Dattelbäumen gesäumt. In endlosen Reihen von Treibhäusern werden Salat- und Gemüsesorten gezogen, die Grundlage für einen regen Exporthandel. Der gebirgige Westteil Kretas ist ein Labyrinth von reißenden Flüssen und schattigen Tälern, in denen sich weitverstreute Dörfer und vereinzelte Bauernhöfe verstecken und wo das Fleisch selbstgezüchteter Schweine zur täglichen Mahlzeit gehört. Das Rezept für ein solches Gericht finden Sie auf Seite 68.

Auf Schritt und Tritt begegnet man der Geschichte der Insel, und zwar nicht nur beim Anblick ehrfurchtgebietender antiker Städte und Paläste – wie Phaistos, Tilissos und Agia Trias – sondern auch in den Dörfern und Häusern. In der Nähe von Iraklion wurden wir von einem klapprigen Lastwagen überholt, der mit seiner Fracht aus riesigen, verzierten Tongefäßen hin und her schwankte. Diese urnenförmigen *pithari* waren identisch mit den Tonkrügen, die man bei Ausgrabungen im Palast von Knossos in den Vorratskammern gefunden hatte. Ähnliche Gefäße sahen wir auch bei Freunden in Agios Ioannis im Amari-Tal. Sie besitzen einen Stollen, in dem sie zahlreiche hüfthohe Tongefäße lagern, die mit selbst gekeltertem Wein, Öl, Oliven und Weizen gefüllt sind und die lediglich mit einem einfachen Holzbrett abgedeckt werden. Kaninchen hoppeln um die Tontöpfe herum, Hühner scharren nach verschütteten Körnern und Tauben kommen und gehen, wie es ihnen gefällt. Es ist eine jahrhundertealte bäuerliche Szenerie, die unsere

Links: Garnelen-Pfannkuchen; Rezept auf Seite 61.
Unten: Der Markt von Chania im Norden Kretas bietet alle Köstlichkeiten der Region.

Freunde wegen der Tongefäße „Knossos" nennen; daher stammt auch der Name für das Rezept auf Seite 72.
Die eigentliche Schwierigkeit bei diesem Besuch (abgesehen von der Tatsache, daß wir das Dahinscheiden unseres als Mittagessen vorgesehenen Kaninchens miterleben mußten) und bei anderen Besuchen ist der Augenblick, in dem man sich für die großzügige kretische Gastfreundschaft revanchieren möchte, ohne dadurch die Gastgeber zu kränken. Es ist nur möglich, ein Gastgeschenk aus der Heimat zu überbringen, wenn man es wie ein Päckchen liegen läßt, das im Eifer des Gefechts versehentlich vergessen wurde.

Ein weiterer Besuch, ein anderes Dorf: eine Siedlung auf einem Hügel, umgeben von zahlreichen kleinen Höhlen, die in Kriegszeiten als Ausguck dienten. Es war der letzte Tag unseres Aufenthaltes und Maria, ihre Mutter und ihre Großmutter hatten ein Abschiedsessen zubereitet. Im Halbdunkel der Hütte, in die der grelle Sonnenschein nur schwach eindrang, saßen wir auf einfachen Holzbänken und aßen *mizithra*-Käse mit süßem, aromatischem Brot und gespickte Lammkoteletts, die mit wilden Kräutern gewürzt und über dem offenem Feuer gebraten worden waren. Dazu gab es Okraschoten mit Tomaten, einen gemischten Bauernsalat mit *feta*-Käse, der vor Öl nur so glänzte, Pistazienhalva sowie Honigkuchen und einen selbstgekelterten Roséwein. „Wißt ihr eigentlich", fragte Maria, als wir auf die Terrasse hinaustraten, „daß meine Familie dieses Essen wahrscheinlich schon seit Jahrhunderten genau so zubereitet und daß alle Zutaten von unserem eigenen Land stammen?"

* * *

EINGELEGTE ARTISCHOCKENHERZEN

Aginares toursi

Auf der Theke unserer Lieblingstaverne am Rand von Fourfouras steht ein ausgesprochen ungewöhnlicher Blickfang – ein riesiges Glas mit eingelegten Artischockenherzen.

Dieses zarte, nicht gelbe, aber auch nicht grüne Gemüse, mit seinem leicht bitteren Geschmack, wird den Gästen als Vorspeise serviert, während sie im Schatten der Weinstöcke auf die mit Thymian gewürzten Ziegenlendchen warten, die auf dem Grill brutzeln. Die Artischocken schmecken hervorragend in einem Salat aus schwarzen Oliven, Römischem Salat und Frühlingszwiebeln oder zu gegrillten, höllisch scharfen Chillischoten, die mit Öl und einem Rotwein aus der Region beträufelt werden. Man serviert sie auch als pikante Beilage zu gegrilltem Fisch; und wenn Sie lange genug am Tisch sitzen bleiben, wird man sie Ihnen zusammen mit einem *raki* oder Weinbrand auch als Digestif anbieten.

12 sehr junge Artischocken
6 EL Zitronensaft
Salz
1 TL getrockneter Oregano
etwa 0,15 l Rotwein
etwa 0,15 l Olivenöl

Eine große Schüssel mit Wasser füllen, 2 Eßlöffel Zitronensaft hineingeben und verrühren.

Die äußeren harten Blätter der Artischocken entfernen, die Knospen ein wenig auseinanderdrücken und mit einem Teelöffel die harten Fasern aus dem Innern der Artischocke herauskratzen. Dann die Spitzen der restlichen Blätter bis zum fleischigen Teil abschneiden und den Stengel herausbrechen. Dabei sehr zügig vorgehen und jede vorbereitete Artischocke sofort in die Schüssel mit dem Zitronenwasser legen, damit sie sich nicht verfärbt.

Wenn alle Artischocken vorbereitet sind, etwa 2 Liter Salzwasser mit 2 Eßlöffel Zitronensaft in einem großen Topf erhitzen und die Artischocken darin nacheinander 3 Minuten sprudelnd kochen lassen. In einer Schüssel mit kaltem Wasser abschrecken.

Die Artischocken in ein Sieb geben, gut abtropfen lassen und trockentupfen. Die Artischocken in dünne Scheiben schneiden und in ein sauberes Glas schichten. Jede Lage mit etwas Zitronensaft beträufeln und mit Oregano bestreuen. Rotwein und Olivenöl dazugeben, die Artischockenscheiben sollen ganz bedeckt sein – die exakte Flüssigkeitsmenge hängt von der Größe des verwendeten Gefäßes ab.

Am besten benutzen Sie ein Einmachglas mit einem Schraubverschluß, das Sie kräftig schütteln können, damit sich der Rotwein und das Öl gut vermischen. Die Artischocken mindestens einen Monat in der Flüssigkeit ziehen lassen.

GARNELEN-PFANNKUCHEN

Crockettes me garides

Die schlechte Nachricht war, daß unser Mietwagen in Ierapetra eine Panne hatte. Diese Küstenstadt im Südosten Kretas beliefert das größte Gartenanbaugebiet der Insel.

Die gute Nachricht war, daß der Automechaniker uns sein Lieblings-Fischrestaurant empfahl. Es hieß „Napoléon der Große" und lag am Ende einer langen, langen Reihe von Bars, Restaurants und Tavernen, die den Weg vom Strand zur Hauptstraße zu einer gastronomischen Tour de Force werden ließen.

Vor dem Hauptgang brachte uns der Inhaber *krokettes*, die Spezialität des Hauses.

FÜR 4 PERSONEN
125 g Mehl
Salz
2 große Eier, verquirlt
0,35 l lauwarme Milch
1 EL Olivenöl
2 EL gehackte Petersilie
75 g Butter
1 mittelgroße Zwiebel, kleingehackt
4 Knoblauchzehen, kleingehackt
½ grüne Paprika, gewaschen, von den weißen Trennhäuten und Kernen befreit
½ rote Paprika, gewaschen, von den weißen Trennhäuten und Kernen befreit
225 g geschälte Garnelen, grob gehackt
schwarzer Pfeffer

Für den Pfannkuchenteig das Mehl und das Salz in eine Schüssel sieben, in die Mitte eine Vertiefung drücken und die Eier dort hineingeben. Die Eier mit dem Mehl verrühren, dann langsam die Milch dazugeben. Solange rühren, bis der Teig glatt und geschmeidig ist. Das Öl und die Petersilie darunterrühren.

In einer beschichteten Pfanne 50 g Butter bei mittlerer Hitze zerlassen und die Zwiebel darin glasig dünsten. Den Knoblauch und die Paprikastücke dazugeben und 3 Minuten mitdünsten lassen. Alles in eine Schüssel geben, die Garnelen unterrühren und mit Pfeffer würzen.

Die restliche Butter vierteln. Ein Viertel in der Pfanne bei mittlerer Hitze zerlassen. Die Pfanne schwenken, damit sich das Fett verteilt, und ein Viertel der Garnelen-Paprika-Mischung hineingeben. Ein Viertel des Pfannkuchenteigs darüber gießen, durch Schwenken gleichmäßig in der Pfanne verteilen und 2 – 3 Minuten backen, bis der Teig fest ist. Den Pfannkuchen wenden und die andere Seite ebenfalls 2 – 3 Minuten backen, bis sie leicht gebräunt ist. Den Pfannkuchen auf einen vorgewärmten Teller gleiten lassen und warm halten, während die nächsten Pfannkuchen gebacken werden. Heiß servieren.

Diese Pfannkuchen schmecken noch besser, wenn man *skordalia* (Knoblauchsauce, Rezept Seite 45) dazu serviert.

Raki

Beinahe jedes Land besitzt einen typischen Nationalbranntwein, ein landesübliches „Feuerwasser", dem die Besucher auf eigene Gefahr reichlich zusprechen können. Dabei kann es sich um ein Destillat der unterschiedlichsten Produkte handeln wie etwa Reis, Trauben, Milch, Zuckerrohr, Datteln oder Palmensaft, um nur einige zu nennen, das unter ebenso vielen Namen auf den Markt kommt, zum Beispiel als Marc oder Arrak.

Der griechische Vertreter dieser Spezies ist bekannt unter dem Namen *raki* – oder *tsipouro* auf Kreta – und man stellt ihn aus Weintrester, den bei der Kelter von Trauben anfallenden festen Rückständen (Haut, Stengel und Kernen) her. Der Alkoholgehalt des *raki* kann von Ort zu Ort verschieden sein. Es läßt sich keine genaue Angabe darüber machen, da er meistens in nicht etikettierten Flaschen ausgeschenkt wird.

Wenn Sie bei Griechen zu Hause eingeladen sind, reicht man Ihnen vielleicht als Willkommenstrunk ein kleines Glas *raki* zu Kaffee und Fruchtkonfekt. Üblicherweise trinkt man ihn in einem Schluck, aber ich glaube nicht, daß sich jemand gekränkt fühlt, wenn Sie ihn in mehreren Schlückchen genießen, solange Sie freundlich dazu lächeln.

Die Destillation des *raki* ist auf allen Inseln ein blühender Gewerbezweig, und bestimmt hören Sie nach der Weinlese überall auf den Höfen das verräterische Klirren von Flaschen oder sehen den Rauch der Destillierapparate aufsteigen. In dieser Zeit ist auch die sprichwörtliche Gastfreundschaft der griechischen Familien noch gelöster. Ich zähle mich keineswegs zu den wahren *raki*-Kennern, aber ein Schluck aus einer Blechdose, die in ein großes Faß getaucht und in der Runde weitergereicht wurde – das Ganze fand auf einem Hof auf Karpathos statt –, schmeckte mir doch ausgesprochen gut.

Die Taverne

In den bekannten Ferienorten finden Sie Tavernen für jeden Geschmack. Bei einigen ist die Live-Musik wichtiger als das Essen und in anderen beginnt der Abend erst richtig, wenn die Kellner ihre Gäste nicht mehr bedienen, sondern ihnen die komplizierte Kunst des *sirtaki* –Tanzens beibringen. Aber mit ein bißchen Glück finden Sie auch einen oder zwei kleine Familienbetriebe, die etwas abseits der Touristenpfade liegen und bei denen die Musik höchstens vom Band oder aus dem Radio kommt.

Die Suche nach einer solchen Taverne, bei der, wie in einem normalen griechischen Haushalt, die Bewirtung einfach ist und nur wenige Gerichte auf der Speisenkarte stehen, erfordert Ausdauer und einige diskrete Nachforschungen. Wenn Sie so ein Lokal gefunden haben, lassen Sie sich nicht von der abblätternden Farbe an den Wänden abschrecken. Sehr wahrscheinlich wird die Küche blitzblank sein.

Aber am besten sollten Sie das selbst herausfinden. Hier ist es durchaus üblich, in die Küche zu gehen, das Essen zu begutachten und dem Inhaber zustimmend zuzunicken, wenn er den Deckel von einem Aluminiumtopf mit Lammragout hebt, Makkaroni in Tomatensauce präsentiert oder auf eine Warmhalteplat-

te zeigt, auf der mit Fleisch gefüllte Gemüse liegen.

Im allgemeinen werden Fleisch und Fisch zum Fritieren und Grillen in einer Kühltheke gelagert, die für alle Gäste sichtbar in der Taverne steht, und Sie werden – je nach Größe und Angebot des Lokals – gebeten werden, Ihre Schweineschnitzel, Steaks, Kalbskoteletts oder Ihre Rotbarben, Stinte (*marides*) und Schwertfischfilets selbst auszuwählen. Seien Sie nicht allzu überrascht, wenn man Sie nach der gewünschten Menge fragt – in vielen Tavernen wird das Essen nach Gewicht verkauft und nicht als vorgegebene Portion.

„Touristentavernen" bieten meist eine Auswahl von Vorspeisen (*mezedes*) an, wie zum Beispiel den beliebten Fischrogensalat (*taramosalata*). So etwas werden Sie in den „einheimischen" Tavernen nicht finden. Sobald Sie dort Platz genommen haben, deckt der Inhaber oder Kellner mit einem Plastiktischtuch Ihren Tisch und bringt Ihnen einen Korb mit dicken Brotscheiben und den Wein Ihrer Wahl. Tavernenkenner bestellen einen Retsina vom Faß. Falls es eine Speisenkarte gibt, wird sie zwei Preislisten aufweisen. Sie müssen den jeweils höheren Preis bezahlen, der die Touristensteuer enthält.

Viele kleine Tavernen bieten auf ihrer Speisenkarte keine Desserts an, und in einigen bekommt man noch nicht einmal einen Kaffee. Deshalb kann es geschehen, daß Sie nach dem Essen in ein *kafenion* oder in eine Konditorei (*zacharo-plastion*) umziehen müssen, um das Essen dort mit einem Kaffee und einem Weinbrand oder einem Stück Kuchen oder Torte abzurunden.

Links: Die Party kommt in Schwung – Tänzer in einer Strandtaverne auf Kalymnos. Oben: Die Lichter und Tischreihen rund um den Hafen von Rethimnon auf Kreta üben eine magische Anziehungskraft aus.

FISCH NACH WINZER ART

Psari me stafilia

Einer unserer Ausflüge in die Vergangenheit führte uns zu den majestätischen Ruinen von Phaistos, die uns immer wieder in ihren Bann ziehen, und nach Agia Trias, wo ich dann nebenbei immer meinen getrockneten Oregano kaufe. (Nun ja, eigentlich ist der verschmitzte alte Verkäufer mit seinem lustigen Küchenchinesisch der Grund dafür.) Aber der Höhepunkt des Tages war das folgende Gericht, in dem zwei schmackhafte Erzeugnisse der Gegend miteinander kombiniert wurden.

FÜR 4 – 6 PERSONEN
50 g Butter
2 mittelgroße Zwiebeln, kleingehackt
2 Knoblauchzehen, kleingehackt
1 kg Meerbrasse, ausgenommen, geschuppt, gewaschen und trockengetupft
2 Lorbeerblätter
0,3 l Weißwein oder
0,15 l trockener Vermouth und 0,15 l Wasser
Salz
schwarzer Pfeffer
2 Eigelb
Saft von 2 Zitronen
2 TL Speisestärke
225 g kernlose grüne Trauben
2 EL Crème double
1 EL gehackte Petersilie
Zitronenspalten zum Garnieren

Die Butter in einer großen feuerfesten Form bei mittlerer Hitze zerlassen und die Zwiebeln darin glasig dünsten. Den Knoblauch dazugeben und 1 – 2 Minuten mitdünsten. (Wenn Sie keine geeignete Form besitzen, braten Sie die Zwiebeln und den Knoblauch in einem kleinen Topf an und geben sie dann in ein hitzebeständiges Gefäß.)

Den Backofen auf 190°C vorheizen. Den Fisch auf die Zwiebelmischung legen, die Lorbeerblätter dazugeben und den Wein oder Vermouth darüber gießen. Mit Salz und Pfeffer würzen. In der geschlossenen Form im Backofen (Mitte) 35 – 40 Minuten garen, bis der Fisch durch, aber noch fest ist.

Den Fisch auf eine vorgewärmte Platte legen, mit Alufolie abdecken und warm halten.

Die Fischbrühe durch ein Sieb in einen kleinen Topf gießen und die Lorbeerblätter entfernen. Die Eigelbe mit dem Zitronensaft verquirlen. Die Speisestärke mit 2 Eßlöffel Wasser verrühren und ein wenig heiße Fischbrühe darunterrühren. Die angerührte Speisestärke und die verquirlten Eigelbe in die Fischbrühe rühren, die Trauben dazugeben und bei schwacher Hitze rühren, bis die Sauce andickt. Dabei darf die Sauce nicht mehr kochen. Die Crème double in die Sauce rühren und abschmecken.

Die Sauce über den Fisch geben und mit Petersilie bestreuen. Mit Zitronenspalten garnieren und servieren.

Zu diesem Gericht reichen Sie am besten Salzkartoffeln – auf griechische Art längs geviertelt. Es paßt aber auch Reis, mit einer Handvoll Mandelsplitter und gehackter Petersilie vermischt.

OBSTPLATTE

Frouta tis Kritis

Ich liebe die Erntezeit auf Kreta – nicht so sehr wegen der typischen goldenen Weizenfelder, sondern wegen der sonnenreifen saftigen Früchte, die überall geerntet werden. Sie haben die Wahl: Aprikosen, Pfirsiche, Orangen oder Kirschen. In vielen Restaurants bekommt man dann bei einem Menü einen Teller mit frischen Früchten, eisgekühlt und voller funkelnder Wassertropfen. Meist werden die Früchte als Vorspeise vor dem Gemüse, dem Fleisch oder Fisch und - wenn es ein vollständiges Menü ist – der Halva serviert. Ach ja, beinahe hätte ich es vergessen: das Geheimnis liegt natürlich im *raki.*

FÜR 4 PERSONEN
450 g reife Aprikosen, halbiert und entsteint
4 oder 8 Pfirsiche (je nach Größe) geviertelt und entsteint
4 kleine Orangen mit dünner Schale, geschält und filetiert
225 g kernlose grüne Trauben
4 oder 8 EL raki, gekühlt (ersatzweiße weißer Rum)
4 Kräuterzweige zum Garnieren

Vor dem Servieren alle Früchte und die Teller gut kühlen.

Die Früchte auf vier Teller verteilen und symmetrisch arrangieren. Viele Köche auf den Inseln haben dies zu einer wahren Kunst entwickelt. Die Früchte auf jedem Teller mit 1 oder 2 Eßlöffel *raki* übergießen und mit einem Kräuterzweig dekorieren. Ich verwende sehr gern „Dark Opal"-Basilikum, denn mit seinen violetten Blättern ist es ein ebenso ungewöhnlicher, wie dekorativer Blickfang.

TINTENFISCH A LA RETHIMNON

Kalamarakia Rethymnou

Ein Essen im Hafen von Rethimnon ist eine gemächliche Angelegenheit, bei der man die Welt an sich vorüberziehen lassen kann – sobald man alle Speisenkarten gründlich studiert, im Vorbeigehen mit den Kellnern Höflichkeiten ausgetauscht und schließlich aus dem Durcheinander der konkurrierenden Tavernen eine ausgewählt hat.

Wir wollten über Ostern Freunde im Süden besuchen und legten in Rethimnon eine Pause ein, denn wir wollten uns diese traditionelle Fastenmahlzeit nicht entgehen lassen. Zufällig servierte man uns im nächsten Anlaufhafen in einem Privathaus dieses Gericht noch einmal.

FÜR 4 PERSONEN
1 kg Tintenfisch (kalamares)
8 EL Olivenöl
3 mittelgroße Zwiebeln, in Scheiben geschnitten
2 Knoblauchzehen, kleingehackt
2 große Fleischtomaten, abgezogen und gehackt, oder 225 g Tomaten aus der Dose, gehackt
0,15 l Weißwein
2 EL gehackte Petersilie
Salz
schwarzer Pfeffer
175 g Langkornreis, gewaschen und abgetropft
Zitronenspalten zum Garnieren

Den Tintenfisch vorbereiten: Gründlich auswaschen, den Tintenbeutel, den Kopf, die Eingeweide und die Tentakel entfernen und den Rückenpanzer entfernen. Das Fleisch in 5 cm lange Stücke schneiden und nochmals gründlich waschen.

Das Öl in einem großen Topf erhitzen und die Zwiebeln bei mittlerer Hitze darin glasig dünsten. Den Knoblauch dazugeben und 1 – 2 Minuten mitdünsten.

Die Tintenfischstücke in den Topf geben und 4 – 5 Minuten anbraten, dabei gelegentlich umrühren. Die Tomaten, den Wein und die Petersilie dazugeben und mit Salz und Pfeffer würzen. Aufkochen und im geschlossenen Topf bei schwacher Hitze etwa 20 Minuten leise köcheln lassen.

0,1 Liter Wasser dazugießen, den Reis einrühren, den Topf wieder schließen. Bei schwacher Hitze weitere 15 Minuten leise köcheln lassen, bis der Reis gar ist. Dabei immer wieder umrühren. Wenn zuviel Flüssigkeit verdunstet, etwa 1 – 2 Eßlöffel Wasser nachgießen. Eventuell würzen.

Den geschlossenen Topf an einem warmen Ort 5 Minuten zum Nachgaren stehen lassen. Mit Zitronenspalten garnieren und servieren.

Fastenzeit

Die Fastenzeit beginnt nach dem griechisch-orthodoxen Kalender mit dem „Reinigenden Montag", *kathari deftera* (siehe Seite 29), und endet nach 40 Tagen mit dem Ostersonntag. Es ist nicht nur eine Zeit des Fastens, in der (außer für Kinder und ältere Menschen) der Verzehr von Fleisch, Eiern, Butter, Käse und Milch verboten ist, sondern auch eine Zeit der religiösen Besinnung. Mit den Vorbereitungen auf die Fastenzeit, mit dem Frühjahrsputz, den Einkäufen und den Arbeiten in der Küche wächst auch das Bewußtsein für die traditionelle Bedeutung dieses Brauches. Den Besucher trifft es wie ein Schock, wenn auf dem Markt lautstark um den Preis für einen Korb Pfirsiche gefeilscht wird, während gleichzeitig aus jedem Marktstand Kirchenmusik schallt.

An Karfreitag, dem wichtigsten orthodoxen Feiertag, findet eine vierstündige Messe statt, während der man kommen und gehen darf, und zu der erfahrene Großmütter Tüten voller Kekse und Kuchen für ihre Enkel mitnehmen. Die Totenglocken läuten, und eine blumengeschmückte Totenbahre, die den Kreuzweg Christi darstellt, wird in einer feierlichen Prozession dreimal um die Kirche getragen.

Danach geht die Gemeinde still nach Hause und nimmt das bescheidenste Mahl des ganzen Jahres zu sich, bei dem viele Familien als zusätzliches Opfer auch auf Fische und Meeresfrüchte und sogar auf Olivenöl verzichten.

In Lachanes auf Korfu wurden wir von einer gastfreundlichen Familie zum Karfreitagsmahl eingeladen. Das Essen war bereits vorher auf einem gemusterten Baumwolltuch aufgedeckt worden und bestand aus Wildsalat, leicht in Zitronensaft blanchiert, aus Weinblättern, gefüllt mit Reis und Korinthen, Butterbohnen, einem Tomaten-Zwiebel-Salat, kalten gekochten Kartoffeln, einem gemischten grünen Salat mit einem Dressing aus Kräutern und Wein, Oliven und – als Höhepunkt des Mahls – einer Halva aus Sesampaste (*tachini*) und Weizengrieß.

Der Genuß von Wein ist erlaubt, und unser Gastgeber brachte, wie es in den meisten Familien üblich ist, zu Ehren dieses Tages seinen besten Jahrgang auf den Tisch: einen 21 Jahre alten trockenen Rotwein.

LAMMKOTELETTS IM PAPIERMANTEL

Arnisia paidakia sto charti

Laki liegt am Ausgang eines Tales, das wir „Tal der Kirschen“ getauft haben. In der ganzen Stadt herrscht ständig eine unruhige Aufbruchstimmung, denn die meisten Besucher sind auf der Durchreise zur Schlucht von Samaria, und das bedeutet, vor allem für die Radfahrer, eine sehr lange und anstrengende Fahrt.

Wir saßen im Innenhof einer Taverne unter einer bunten Lichterkette und aßen mit Genuß unsere Lammkoteletts „nach Räuberart“. Dieses Gericht ist eine kulinarische Erinnerung an einsame Landstriche voller Schafherden.

FÜR 4 – 6 PERSONEN
4 EL Olivenöl
8 - 12 Lammkoteletts, vom Fett befreit
2 mittelgroße Zwiebeln, gehackt
2 EL Tomatenmark
2 große Tomaten, abgezogen und gehackt
3 EL frischer, gehackter Koriander
(ersatzweise Petersilie)
0,25 l Weißwein
1 TL Zucker
Salz
schwarzer Pfeffer
2 EL Zitronensaft

Das Öl in einer Pfanne erhitzen und die Koteletts bei mittlerer Hitze darin auf beiden Seiten braten, bis sie braun sind, herausnehmen und beiseite stellen.

Die Zwiebeln in der Pfanne glasig dünsten, das Tomatenmark, die Tomaten und den Koriander dazugeben und den Wein unterrühren. Mit Zucker, Salz und Pfeffer würzen. Die Sauce aufkochen, dann bei schwacher Hitze leise köcheln lassen, bis die Sauce leicht eindickt, abschmecken. Den Backofen auf 180°C vorheizen.

Die Koteletts auf beiden Seiten mit Zitronensaft beträufeln, salzen und pfeffern. Jedes Kotelett auf ein Stück Butterbrottpapier legen, die Sauce darüber verteilen. Das Papier über den Koteletts zusammenfalten und die Seiten schließen. Die Päckchen nebeneinander auf ein Backblech legen.

Die Koteletts im Backofen (Mitte) etwa 40 Minuten schmoren lassen, bis das Fleisch zart ist.

Die Koteletts im Papier servieren. Sie müssen – nach alter Tradition – auf dem Teller ausgewickelt werden, denn der aufsteigende Duft von Kräutern und Wein erhöht die Vorfreude auf den Genuß des würzigen Lammfleischs. Dazu reicht man Pellkartoffeln, die zur gleichen Zeit im Ofen gebacken wurden, grünes Gemüse oder einen Salat.

Seite 66/67: Lammkoteletts im Papiermantel.

SCHWEINEFLEISCH MIT KNOLLENSELLERIE

Chirino me selinorizes avgolemono

Der Westteil Kretas ist durchzogen von tiefen Schluchten, die selbst im Hochsommer noch erfrischend kühl bleiben und im Herbst einfach überwältigend aussehen, wenn die Platanen und Kastanienbäume sie in ein feurig goldenes Licht tauchen. An den steilen Hängen sind, wie auf einem Flickenteppich, viele kleine Weizenfelder sorgfältig angelegt. Und in manchen Regionen ist die Herstellung von Olivenöl der wichtigste, die ganze Luft mit seinem Duft erfüllende Erwerbszweig.

Unser Weg von Westen nach Osten folgte einer Route, die auf keiner Karte verzeichnet war. Irgendwo auf diesem Weg fanden wir eine Unterkunft und setzten uns dankbar an einen Tisch, auf dem ein herzhafter Eintopf aus Schweinefleisch und Gartengemüsen auf uns wartete.

FÜR 4 PERSONEN
4 EL Olivenöl
1 kg mageres Schweinefleisch,
gewürfelt und trockengetupft
2 mittelgroße Zwiebeln, in Scheiben geschnitten
2 Knoblauchzehen, kleingehackt
0,6 l Hühnerbrühe
Salz
schwarzer Pfeffer
450 g junger Sellerie, geputzt und geschält
2 EL Essig
2 Eier
Saft von 2 Zitronen
2 TL Speisestärke
2 EL gehackte Petersilie
Zitronenspalten zum Garnieren (nach Wunsch)

Das Öl in einem großen Topf erhitzen und die Fleischwürfel darin bei mittlerer Hitze von allen Seiten gleichmäßig anbraten. Eventuell muß dies in zwei Portionen geschehen, da das Fleisch nicht übereinanderliegen sollte. Das Fleisch mit einem Schaumlöffel herausheben und in einer Schüssel beiseite stellen.

Die Zwiebeln in den Topf geben und glasig dünsten. Den Knoblauch dazugeben und 1 – 2 Minuten mitdünsten. Das Fleisch wieder in den Topf geben, die Hühnerbrühe unter Rühren darüber gießen, mit Salz und Pfeffer würzen und umrühren. Langsam zum Kochen bringen und im geschlossenen Topf bei schwacher Hitze 1 Stunde leise köcheln lassen.

Wasser mit Essig und etwas Salz in einem großen Topf zum Kochen bringen. Den Sellerie dann etwa 15 Minuten kochen, bis er beginnt, weich zu werden. Den Sellerie herausnehmen, abkühlen lassen und in Scheiben oder Würfel schneiden.

Den Sellerie in den Fleischtopf geben, gut unterrühren und alles im geschlossenen Topf bei schwacher Hitze etwa 20 Minuten leise köcheln lassen, bis das Fleisch und der Sellerie gar sind.

Die Eier mit dem Zitronensaft verquirlen. Die Speisestärke mit 2 Eßlöffel Wasser verrühren. Mit den verquirlten Eiern mischen. Etwas Fleischbrühe dazugeben und gut verrühren. Die Mischung unter Rühren in den Topf geben. Den Eintopf bei schwacher Hitze unter ständigem Rühren etwas andicken lassen – dabei darf er nicht mehr kochen, da die Eier sonst gerinnen würden. Den Eintopf nach Geschmack würzen.

Mit Petersilie bestreuen, nach Wunsch mit Zitronenspalten garnieren und servieren.

Zu diesem einfachen Essen sind Salzkartoffeln die denkbar beste Beilage.

Wenn Sie keinen Knollensellerie bekommen können, sollten Sie statt dessen dicke Fenchelscheiben verwenden. Blanchieren Sie den Fenchel etwa 4 – 5 Minuten, bevor Sie ihn zum Fleisch geben. Das kleingeschnittene Fenchelgrün läßt sich als Garnierung verwenden.

HÄHNCHENBRUST MIT FETA-KÄSE

Kotopoulo me feta

Agia Galini ist ein weltoffenes Fischerdorf südlich des Amari-Tals. Hier findet ein Sammler kunstvoller Landschaftspostkarten, wie ich, reiche Jagdgründe und immer einen Sonnenschirm, unter dem er sitzen und ganze Berge exotischer Eiscremesorten vertilgen kann.

Die Speisenkarten der Tavernen und Restaurants sind auf eine internationale Kundschaft eingestellt und bieten nur wenige regionale Spezialitäten an. Aber dieses Rezept fand ich durchaus erwähnenswert.

FÜR 4 PERSONEN
1 Handvoll Spinatblätter
Salz
4 Hähnchenbrustfilets à 200 g
100 g feta-Käse
schwarzer Pfeffer
75 g Butter
2 EL Mehl
0,15 l Weißwein
0,15 l Hühnerbrühe
2 EL frischer, gehackter Koriander
(ersatzweise Petersilie)
4 EL Crème double

Die Spinatblätter kurz in klarem Wasser waschen und die dicken Stengel entfernen. Die Blätter in kochendem Salzwasser 2 Minuten blanchieren, in einem Sieb abtropfen lassen und auf Küchenpapier trockentupfen.

In jede Hähnchenbrust längs eine Tasche schneiden. Mit den Spinatblättern, geriebenem oder klein geschnittenem *feta*-Käse füllen und mit Pfeffer würzen. Die Hähnchenbrüste wieder fest zusammendrücken und die Öffnung mit einem Holzspießchen verschließen.

Die Butter in einer Pfanne zerlassen und die Hähnchenbrüste darin bei mittlerer Hitze von jeder Seite 4 – 5 Minuten goldbraun braten. Herausnehmen und warm halten.

Das Mehl in die Pfanne geben und hellgelb anschwitzen. Unter ständigem Rühren langsam den Wein und die Hühnerbrühe dazugeben. Die Sauce zum Kochen bringen, den Koriander oder die Petersilie dazugeben und die Hähnchenbrüste hineinlegen. Die Sauce über das Fleisch löffeln und im geschlossenen Topf bei schwacher Hitze etwa 30 Minuten leise köcheln lassen. Nach der Hälfte der Zeit das Fleisch wenden.

Die Crème double einrühren und die Sauce abschmecken.

Mit Reis oder Nudeln und einem frischen, gekühlten Salat servieren.

S. 70/71: Der Hafen von Plakias im Süden von Kreta.

ΙΩΑΝΝΗΣ Λ.Ρ. 146
ΕΠΑΝΑΣΤΑΤΗΣ ΝΡ.37

Der Erste Mai

Der Monat Mai erhielt seinen Namen von Maia, der Mutter des Gottes Hermes. Er gilt in Griechenland als der schönste Monat des Jahres, und jeder, der zu dieser Jahreszeit schon einmal durch Felder voller weißer, gelber, rosa- oder malvenfarbener Frühlingsblumen gewandert ist, wird dies nur zu gern bestätigen.

Daher besitzt der erste Tag dieses heiligen Monats, *protomaya*, eine ganz besondere Bedeutung. Man feiert ihn als Fest des Frühlings, der Jugend und, etwas weniger symbolhaft, als Blütenfest.

Wie an vielen anderen griechischen Fest- oder Feiertagen bereiten die Menschen ein üppiges Picknick vor und gehen für einen Tag mit der ganzen Familie aufs Land. Der Tradition entsprechend sammeln sie Sträuße von Wildblumen und binden sie zu einem Kranz. Dieser *stefani* wird zu Hause über die Tür gehängt. Aber heutzutage binden viele Familien schon vor dem ersten Mai ihre Kränze aus Wild- oder Gartenblumen und hängen sie als Vorboten des kommenden Feiertages auf.

Dieses Gebinde kann ein schlichter weißer Ring sein, der ausschließlich aus kleinen Margeriten besteht. Man sieht aber auch Geflechte aus vielen bunten Blüten, die wie ein Blumenteppich wirken, oder kunstvolle Entwürfe mit sorgfältig abgestuften Farbschattierungen. Aber egal wie schön oder schlicht: in jedem Kranz ist eine Knoblauchknolle versteckt, die, nach einem altem Aberglauben, vor dem bösen Blick schützen soll.

Seien Sie nicht überrascht, wenn Sie ein paar Wochen nach diesem Fest die griechischen Inseln besuchen und einige stark verwelkte Türkränze entdecken. In manchen Gegenden läßt man die Kränze nämlich mehrere Wochen über der Tür hängen und verbrennt sie dann feierlich auf der Straße oder im Garten. Die Familienangehörigen – heute sind es meist die Kinder – dürfen dann dreimal über die Asche springen und sich gegenseitig alles Gute wünschen.

KANINCHEN A LA KNOSSOS

Kouneli Knossou

Maria und Alexandros leben in einem winzigen Haus mitten in ihrem Olivenhain, und sie kochen dieses Gericht über einem prasselnden Holzfeuer in der Ecke ihres Wohnraums. Das Öl spritzt, der Wein zischt und die Hitze wird unerträglich, aber das alles geschieht für einen guten Zweck – der Kaninchenbraten wird wunderbar zart. Herz und Leber drehen sich auf einem Bratspieß über dem Feuer und werden den Gästen als Willkommensgruß gereicht.

Da die Kaninchenteile im allgemeinen mit den Fingern gegessen werden – und man die Knochen bis aufs Weiße abnagt – müssen Eleganz und gute Tischmanieren hinter Geselligkeit und gemeisamer Genußfreude zurücktreten.

FÜR 4 PERSONEN
1 junges Kaninchen, zerlegt,
Innereien beiseite gelegt
Salz
schwarzer Pfeffer
1 – 2 EL getrockneter Oregano
8 EL Olivenöl
0,15 l schwerer Rotwein

Die Kaninchenteile, das Herz und die Leber waschen und trockentupfen und mit Salz, Pfeffer und Oregano kräftig würzen.

Das Öl in einer großen, schweren Pfanne – eine Gußeisenpfanne wäre ideal – erhitzen. Die Kaninchenteile darin von allen Seiten kräftig anbraten – für das Wenden der Teile nimmt man am besten eine Würstchenzange. Das Anbraten dauert 15 – 20 Minuten. In den letzten 5 Minuten das Herz und die Leber dazugeben und ebenfalls anbraten.

Die Pfanne vom Herd nehmen und den Wein langsam hineingießen (darauf achten, daß der Wein nicht aus der Pfanne spritzt). Die Pfanne zurück auf den Herd stellen. Die Kaninchenteile bei starker Hitze schmoren, bis der Wein fast völlig verdunstet ist, dabei die Kaninchenteile immer wieder wenden. Der Wein dient als Würze, nicht als Sauce.

Das Herz und die Leber in kleine Stücke schneiden, die Teile auf Cocktailspießchen stecken und als Vorspeise servieren.

Normalerweise ißt man das Kaninchen mit den Fingern. Zwar sind Fingerschalen auf dem Land unbekannt – die Küchenspüle ist ja nie sehr weit entfernt – aber wenn Sie die Tradition auch bei sich zu Hause pflegen wollen, wären Fingerschalen sicher empfehlenswert.

GEMÜSE MIT EI-ZITRONEN-SAUCE

Lachanika anamikta avgolemono

Maria war unsere Wirtin in Thronos, einem herrlichen Bergdorf am Anfang des Amari-Tals, und ihrer eigenen Beschreibung nach war sie „fast eine Vegetarierin". Und so erfuhren wir täglich aufs neue, welche Palette an Düften und Farben Marias Gemüsekompositionen entfalten konnte. Was auf den Tisch kam, hatte Maria in ihrem Garten selbst gezogen und immer erst kurz vor dem Essen geerntet. Auf dem Land wird eine solche Mahlzeit mit grobem braunem Brot gegessen, das man vorher in Wasser einweicht und dann in Öl tunkt.

FÜR 4 PERSONEN
4 EL Zitronensaft
4 junge Artischocken
Salz
450 g Kartoffeln, geschält
350 g Möhren, geputzt
450 g dicke Bohnen, ohne Hülsen, oder
225 g Bohnen aus der Tiefkühltruhe, aufgetaut
2 kleine Fenchelknollen, geputzt
3 EL fein gehacktes Fenchelgrün
Zitronenspalten zum Garnieren (nach Wunsch)

SAUCE
Saft von 3 Zitronen
4 Eigelb
schwarzer Pfeffer

In einer mittelgroßen Schüssel kaltes Wasser mit 2 Eßlöffel Zitronensaft mischen. Die Artischocken wie auf Seite 60 beschrieben vorbereiten und sie sofort in Zitronenwasser legen. Wenn alle Artischocken vorbereitet sind, Wasser in einem Topf erhitzen, Salz und den restlichen Zitronensaft dazugeben. Die Artischocken darin etwa 35 Minuten kochen, bis sie gar sind. Die Artischocken auf Küchenpapier abtropfen lassen und warm stellen.

Die Kartoffeln, die Möhren, die dicken Bohnen und den Fenchel separat in kochendem Salzwasser garen. Wenn das Essen genauso gut schmecken soll wie bei Maria, müssen die Gemüse noch ein wenig „Biß" haben. Die Gemüse herausnehmen und abtropfen lassen. Etwa 0,35 Liter von den Gemüseflüssigkeiten abmessen und in einen kleinen Topf geben.

Die Artischocken in dünne Scheiben schneiden. Die Kartoffeln der Länge nach vierteln und die Möhren in fingerdicke Stifte schneiden, die Stifte eventuell halbieren. Den Fenchel längs in Scheiben schneiden. Die Gemüse zusammen in eine vorgewärmte Schüssel legen und warm stellen.

Für die Sauce den Zitronensaft und das Eigelb miteinander verquirlen und etwa 4 Eßlöffel der heißen Gemüsebrühe einrühren. Die Mischung unter Rühren in den Topf mit der heißen Gemüsebrühe geben, mit Pfeffer würzen. Die Sauce leicht erhitzen, aber nicht kochen, damit das Eigelb nicht gerinnt. Sobald die Brühe andickt, abschmecken und eventuell nachwürzen. Die fertige Sauce über die Gemüse geben, das Ganze sorgfältig durchrühren und mit dem Fenchelgrün bestreuen. Nach Wunsch mit Zitronenspalten garnieren und servieren.

Oregano

Dem antiken griechischen Kräuterheilkundigen Theophrastos soll es vorbehalten sein, diese Pflanze vorzustellen, die häufig auch als Kretischer Dost bezeichnet wird. „Diese Pflanze", schrieb Theophrastos, „ist von wunderbarer Wirkung und nützlich für viele Zwecke, aber besonders für gebärende Frauen … Wenn eine vom Pfeil getroffene Ziege dies Kraut frißt, wird der Pfeil von ihr abfallen."
Theoprastos erklärt weiter, daß Oreganobündel, die man in die hohlen Stengel von Fenchel steckt, „ihre Wirkung nicht verströmen können".

In ganz Griechenland begegnet man dieser wildwachsenden Pflanze; aber vor allem auf Kreta sind ihre stark duftenden Blätter und die rosafarbenen Blüten überall im felsigen Gelände auszumachen. Und auf fast jeder Insel sieht man die getrockneten Blätter, in prallvollen Tütchen und mit dem Etikett *rigani* versehen. Kaufen Sie reichlich davon. Ich könnte ohne meine Oreganovorräte nicht mehr auskommen, und wie Sie an vielen Rezepten erkennen können, benutze ich getrockneten Oregano beinahe so häufig wie Salz und Pfeffer.

Als ich bei den Recherchen für ein früheres Buch die Inseln besuchte, habe ich mich intensiv mit Kräuterpflanzen beschäftigt und mit vielen Köchen über dieses Thema gesprochen. Die wichtigste Erkenntnis war, daß getrockneter Oregano weniger als jede andere Gewürzpflanze an Aroma verliert. Nicht einmal Thymian, durch den man Oregano im allgemeinen ersetzen kann, ist so beständig.

Links: In der üppigen, fruchtbaren Ebene von Phaistos wird wildwachsendes Blattgemüse, chorta, geerntet. Die Blätter kocht man wie Spinat. Ganz oben: Diskussion über das Tagesgeschehen auf Kreta. Oben: Traditionelle Hochzeitsbrote mit üppigen Blumenmustern warten auf die Feierlichkeiten.

OKRA IN TOMATENSAUCE

Bamies me saltsa tomatas

Okraschoten sind in kretischen Haushalten sehr beliebt, aber nicht alle Besucher sind davon sofort begeistert. Vielleicht liegt es daran, daß jeder von uns zumindest eine unangenehme Begegnung mit diesem Gemüse hatte – Sie wissen schon, leidvolle Erfahrungen aus Kindertagen, die Ihnen bestimmte Speisen ein für allemal verleiden.

Meine Bedenken gegen Okra wurden schließlich in einem Bauernhaus zerstreut, wo man das frische, junge Gemüse einfach in einer scharfen Tomatensauce kochte und zusammen mit gegrillten Lammkoteletts und der obligatorischen Schüssel Pommes frites servierte.

FÜR 4 – 6 PERSONEN

750 g junge Okraschoten,
gewaschen und geputzt
0,1 l Essig
Salz
0,15 l Olivenöl
1 mittelgroße Zwiebel, gehackt
5 Knoblauchzehen, fein gehackt
2 EL Tomatenmark
450 g Tomaten aus der Dose, gehackt
2 EL Zitronensaft
schwarzer Pfeffer
6 EL frischer, gehackter Koriander
(ersatzweise Petersilie)
Zitronenspalten zum Garnieren

Die Okraschoten nebeneinander in eine flache Schale legen. Mit dem Essig begießen, mit Salz bestreuen und etwa 2 Stunden ziehen lassen.

Die Okraschoten in ein Sieb geben und abtropfen lassen. Den Essig wegschütten. Die Okraschoten unter fließendem Wasser gründlich waschen.

Etwas Öl in einem großen Topf erhitzen und die Zwiebel darin bei mittlerer Hitze glasig dünsten. Den Knoblauch dazugeben und etwa 1 Minute mitdünsten. Das Tomatenmark einrühren, die Tomaten, den Zitronensaft und das übrige Öl dazugeben, mit Salz und Pfeffer würzen.

Die Sauce zum Kochen bringen, gut umrühren und bei schwacher Hitze etwa 15 Minuten leise köcheln lassen.

5 Eßlöffel gehackten Koriander oder gehackte Petersilie darunterrühren. Die Okraschoten in den Topf geben, die Sauce darüber löffeln und bei schwacher Hitze etwa 20 Minuten leise köcheln lassen, bis die Okraschoten gar sind und die Sauce dickflüssig ist

Das Gericht mit den restlichen Kräutern bestreuen, mit Zitronenspalten garnieren und heiß oder kalt servieren.

WILDES GEMÜSE

Chorta anamikta

In ganz Griechenland schwärmen die Dorfbewohner mit großer Begeisterung in die Umgebung aus, um dort wilde Blattgemüse zu pflücken, die sie als eigenständigen Gang oder, seltener, als Beilage zum Hauptgericht servieren. Das Geheimnis liegt – wie nicht anders zu erwarten – in der Art der Zubereitung. Die Gemüse dürfen nur kurz blanchiert werden, damit sie ihren spezifische Geschmack behalten.

Auch ohne eine kretische Gebirgskette vor der Haustür läßt sich ein passabler Salat zubereiten. Sie brauchen nur etwas Spinat, Sauerampfer, Mangold und junge Löwenzahnblätter.

FÜR 4 PERSONEN

etwa 750 g wildes Blattgemüse,
gewaschen und abgetropft
Salz
4 EL Zitronensaft
etwa 8 EL Olivenöl
schwarzer Pfeffer
Zitronenspalten zum Garnieren

Die harten Blattrippen und die Stengel entfernen. Die Blätter in einem oder zwei großen Töpfen mit wenig kochendem Salzwasser etwa 3 Minuten blanchieren, bis sie gerade weich sind. Die Gemüse in ein Sieb geben, die überflüssige Feuchtigkeit abtropfen lassen und die Blätter auf Küchenpapier trockentupfen.

Die Gemüse in eine vorgewärmte Schüssel geben, mit dem Zitronensaft und dem Öl beträufeln und reichlich schwarzen Pfeffer darüber streuen. Das Ganze wie einen Salat durchmischen, mit Zitronenspalten garnieren und servieren.

POCHIERTE ÄPFEL

Mila krasata

Vai liegt auf dem östlichsten Ausläufer Kretas. In dieser Gegend, mit ihren warmen afrikanischen Winden, den üppigen Dattelpalmenhainen und Bananenplantagen, fühlt sich jeder Besucher in die Tropen versetzt.

Eines Abends saßen wir mit einem gastfreundlichen Priester beim Essen, und dieser ehrwürdige Mann erschuf mit seinen Worten vor unseren Augen ein äußerst lebendiges Bild seiner Frau, die in ihrem Bettkasten mit den Füßen Weintrauben stampfte – das Bett hätte genau die richtige Größe für die jährliche Ernte, erklärte er uns. Seine Angetraute hatte mit dem Produkt ihrer Arbeit einige Flaschen gefüllt – es war ein schwerer Süßwein, der an Madeira erinnerte – und auch in dieses schlichte Dessert war etwas davon geflossen.

FÜR 4 PERSONEN
4 große Kochäpfel,
geschält und ohne Kerngehäuse
16 Gewürznelken
2 kleine Bananen, zerdrückt
75 g Zucker
0,25 l Rotwein
griechischer Joghurt, gekühlt, als Beilage

Die Oberseite jedes Apfels mit 4 Gewürznelken spicken. Das Innere der Äpfel mit dem Bananenbrei füllen – es kann sein, daß Sie noch etwas Apfelfleisch ausschaben müssen, um Platz für den Brei zu schaffen.

Den Zucker und den Wein in einen Topf geben, langsam erhitzen und rühren, bis sich der Zucker aufgelöst hat.

Die Äpfel in den Topf legen, mit dem Weinsirup übergießen und im geschlossenen Topf bei schwacher Hitze 15 – 20 Minuten leise köcheln lassen, bis die Äpfel weich sind. Die Äpfel immer wieder mit dem Sirup begießen. Herausnehmen und abkühlen lassen.

Die Äpfel in Dessertschalen geben und mit dem Sirup übergießen. Mit etwas Joghurt garnieren und servieren.

KATERINAS SCHOKOLADENKUCHEN

Keik sokolatas tis Katerinas

Eines Abends waren wir bei einer entzückenden und sehr temperamentvollen Künstlerin zum Essen eingeladen. Ihre Wohnung in Rethimnon bestand aus einem einzigen Raum, der vollgestopft war mit Familienerbstücken und uraltem Kunsthandwerk.

Als Wein und *raki* bereits reichlich geflossen waren, servierte uns Katerina große Stücke eines süßen, saftigen Schokoladenkuchens und rundete das Abendessen damit perfekt ab. Mit der Weitergabe des Rezepts war sie weniger freigiebig – ohne Zweifel handelte es sich dabei um ein gut gehütetes Familiengeheimnis. Daher finden Sie hier meine Version, die den bemerkenswert köstlichen Geschmack und die Konsistenz des Kuchens so gut wie möglich wiederzugeben versucht.

FÜR 8 – 10 PERSONEN
175 g Vollmilch- oder Zartbitterschokolade
2 TL Pulverkaffee
2 EL kochendes Wasser
5 Eier, getrennt
175 g Streuzucker
225 g Herzkirschenkonfitüre
300 g griechischer Joghurt, zum Garnieren
Puderzucker zum Bestäuben
zusätzlich etwas Herzkirschenkonfitüre
zum Garnieren (nach Wunsch)

Zwei flache Formen von etwa 20 cm Länge mit Backpapier auslegen.

Die Schokolade in Stücke brechen und in einer Schüssel im heißen Wasserbad schmelzen. Das Kaffeepulver in 2 Eßlöffel kochendem Wasser auflösen und in die Schokolade einrühren. Erkalten lassen. Die Eigelbe mit dem Zucker schaumig schlagen, bis die Masse hell und dickflüssig ist. Die Masse in die Schokolade geben und gründlich verrühren. Den Backofen auf 180°C vorheizen.

Die Eiweiße nicht zu steif schlagen. Den Eischnee vorsichtig unter die Schokoladen ziehen. Diese Mischung auf die Backbleche verteilen und glattstreichen. Im Backofen (Mitte) 20 – 25 Minuten backen. Mit einem Spießchen den Kuchen in der Mitte einstechen, um so zu überprüfen, ob er „gar" ist. Er ist gar, wenn keine Teigreste an dem Spießchen hängen bleiben.

Die Formen aus dem Ofen nehmen und den Kuchen einige Minuten abkühlen lassen. Den Kuchen vorsichtig auf ein Kuchengitter stürzen und vollständig abkühlen lassen. Das Backpapier vorsichtig abziehen. Eine Kuchenplatte mit der Konfitüre bestreichen und die zweite Kuchenplatte darauflegen. Den Kuchen mit Puderzucker bestreuen – Katerina nannte das „Schnee auf dem Berg Ida".

Man serviert den Kuchen zusammen mit einigen Löffeln Joghurt. Genießer nehmen noch etwas mehr Konfitüre.

KAPITEL 5

Die Ostägäischen Inseln

Ikaria erinnert an einen tropischen Garten mit seinem Überfluß an Aprikosen, Birnen, Mandeln und Trauben und seinem besonderen *raki*, der aus den Früchten des Erdbeerbaums gebrannt wird. Ebenso grün ist Samos, mit seinen kühlen, klaren Quellen, den sprudelnden Bächen, seinen Olivenhainen und alten Weinbergen. Chios (oder Hios) duftet berauschend nach Orangen- und Mandarinenblüten und nach süßem Honig. Auf Lesbos findet man Rinderzucht (und bemerkenswert gute Steaks), Felder voller Gestrüpp, in denen es von Wildgeflügel nur so wimmelt, und in Plomari eine bekannte *ouzo*-Brennerei. Lemnos (oder Limnos) wartet mit einem honigfarbenen Muskatellerwein, kandierten Früchten und Feldern voller Baumwollpflanzen auf, die im Sommer wie Pusteblumen aussehen. Samothraki erhebt sich zu beeindruckender Größe, und zur Weizenernte werden traditionell üppige Feste gefeiert. Der Außenseiter Thasos schließlich (die Insel ist Thessaloniki vorgelagert), ist übersät von Reihen hellblauer Bienenstöcke, die die Olivenhaine auflockern und einen Honig liefern, der zu Recht der Stolz der Insel ist (in Honig eingelegte Walnüsse und Feigen sind eine weitere köstliche Spezialität). Jede der Inseln der nordöstlichen Ägäis verspricht dem Reisenden ein besonderes kulinarisches Erlebnis.

Die außergewöhnlichsten Erinnerungen in dieser Hinsicht verbinde ich mit der Insel Lesbos. Wir wohnten in der Nähe der Südküste und besuchten mit dem Fahrrad, zu Fuß oder auf knatternden Motorrädern die antiken Stätten, den versteinerten Wald oder die Töpfereien, in denen man die hübschen Wasserkrüge *koumaria* kaufen konnte. Wir besuchten ein Fischerdorf nach dem anderen und auch jedes Dörfchen im Innern der Insel – und wir kamen dabei mehr als einmal vom Weg ab.

Und eines Tages hätten wir beinahe auf einem kahlen, einsamen Berggipfel übernachten müssen. Wir standen dort mit wunden Füßen und waren trotz eines Kompasses ohne jede Orientierung, aber mit Sicherheit kilometerweit vom Weg entfernt. Es ging auf Mitternacht zu, und unsere „Vorräte“ (wie Pu der Bär sagen würde) waren aufgebraucht. Als wir gerade aufgeben wollten, leuchtete uns wie durch ein Wunder aus einer Waldhütte ein Licht entgegen. Man

Links: Fisch mit Mayonnaise; Rezept auf Seite 84.
Unten: Verwitterte Steine in einer Gasse in Metsa, auf Chios.

hieß uns mit offenen Armen willkommen, und wir bekamen kalte Meerbrasse, Pommes frites, Wein und ein paar Decken. Am nächsten Morgen gab es ein Frühstück mit Brot und Honig. Und das alles ohne ein Wort des Tadels!

An Ikaria erinnere ich mich aus völlig anderen Gründen. Die ganze Insel ist mit wildem Thymian bewachsen und gleicht einer riesigen Ziegenfarm. Wird beides kombiniert, was die Tiere beim Grasen ja ganz von selbst tun, entsteht ein außerordentlich schmackhaftes Grillfleisch – und sehr leckere Milch.

In kürzester Zeit verwandelte ich „unsere" Küche in eine geschäftige Bauernküche. Auf jeder freien Fläche standen Steinguttöpfe voller Joghurt oder Schüsseln, über denen der Joghurt in ausgekochten Tüchern hing, damit die Molke abtropfen konnte. Dazwischen lagen große Stücke Weichkäse, von dem sich jeder zu jeder Zeit eine Scheibe abschneiden und mit deftigem Brot essen konnte. Dazu gab es ein Glas Wein, *raki* oder den speziellen Aprikosenschnaps der Insel: Das ist das einfache Leben.

* * *

GEFÜLLTE ZUCCHINIBLÜTEN

Yemista anthi kolokithias

Wenn ich eine griechische Hausfrau sehe, die mit einem Tablett voller Speisen zum Ofen des Dorfbäckers geht, packt mich jedesmal die ungezügelte Neugier. Ich muß einfach wissen, was es ist!

Manchmal versteckt sich unter dem Tuch ein federleichter Teig. Ein anderes Mal sind es in Honig und Wein eingelegte Feigen. Bei einem Besuch auf Thasos waren es goldgelbe Zucchiniblüten mit dem unwiderstehlichen Aroma von Zitronen und Kräutern. Ein einfaches Rezept für eine köstliche sommerliche Vorspeise.

FÜR 4 – 6 PERSONEN
24 Zucchiniblüten
0,15 l Olivenöl
2 mittelgroße Zwiebeln, fein gehackt
100 g Langkornreis, gewaschen und abgetropft
2 EL Pinienkerne
75 g feta-Käse, gerieben oder fein gehackt
2 EL gehackte Petersilie
Salz
schwarzer Pfeffer
Muskatnuß, frisch gerieben
Saft von 2 Zitronen
Zitronenspalten zum Garnieren

Die Zucchiniblüten öffnen (siehe Seite 32). Die Staubgefäße mit den Stielen herausschneiden, die Blüten waschen und zum Trocknen auf Küchenpapier legen.

Für die Füllung etwa 5 Eßlöffel von dem Olivenöl in einem Topf erhitzen und die Zwiebeln bei mittlerer Hitze darin glasig dünsten. Den Reis dazugeben, 1 – 2 Minuten mitdünsten und dabei in dem Öl wenden. Etwa 0,3 Liter Wasser dazugeben und das Ganze aufkochen. Den Reis im geschlossenen Topf bei schwacher Hitze etwa 15 Minuten leise köcheln lassen, bis der Reis gar ist und das Wasser aufgenommen hat.

Den Topf vom Herd nehmen, die Pinienkerne, den Käse und die Petersilie einrühren und mit Salz, Pfeffer und einer Prise Muskatnuß abschmecken. Abkühlen lassen.

Die Füllung in die Zucchiniblüten geben und jede Blüte vom Stengelende aus fest zusammendrücken, damit die Füllung nicht austreten kann. Die gefüllten Blüten nebeneinander in eine große Pfanne legen. Das restliche Öl, den Zitronensaft und 0,15 Liter Wasser darüber gießen und durch leichtes Schwenken der Pfanne miteinander vermischen. Einen großen Teller auf die Blüten legen, damit sie von der Flüssigkeit bedeckt bleiben, und die Pfanne mit dem Deckel schließen. Das Ganze zum Kochen bringen und bei schwacher Hitze 1 Stunde ganz leicht köcheln lassen. Wenn alle Flüssigkeit aufgenommen ist, die Pfanne vom Herd nehmen und die Zucchiniblüten völlig auskühlen lassen.

Die gefüllten Zucchiniblüten mit Zitronenspalten garnieren und, zusammen mit einem Glas eiskaltem *ouzo*, als Appetithappen servieren.

GEBACKENER KÄSE

Saganaki

Ein nebelverhangener Abend in Kokkari an der Nordküste von Samos wird mir immer in Erinnerung bleiben – aber nicht wegen des gebackenen Käses, einer sahnig-cremigen Köstlichkeit, und auch nicht wegen des süßen samischen Rotweins, der zu Recht seit Jahrtausenden so berühmt ist.

Nein. An diesem Abend verließen mich alle meine mathematischen Umrechnungsfähigkeiten, und ich orderte kiloweise brutzelndes, nach Thymian duftendes Ziegenfleisch vom Spieß, obwohl ich eigentlich gar nicht so gierig war, und ein Pfund gemeint hatte. Es wurde ein Festtag für die Dorfhunde.

FÜR 4 PERSONEN
350 g kefalotiri-Käse oder ein anderer Hartkäse
Mehl zum Panieren
1 TL getrockneter Thymian
schwarzer Pfeffer
4 EL Olivenöl
Zitronenspalten zum Garnieren

Den Käse in acht dicke Scheiben schneiden. Das Mehl mit Thymian und Pfeffer mischen und die Käsescheiben darin wenden.

Das Öl in einer großen Bratpfanne erhitzen und den Käse in das heiße Öl legen. Die Käsescheiben auf jeder Seite etwa 2 Minuten braten, bis sie außen goldbraun sind und innen geschmolzen.

Auf möglichst heißen Tellern mit den Zitronenspalten und reichlich frischem Landbrot servieren.

SARDINEN-OMELETT

Omeleta me sardelles

Auch wenn nirgendwo eine Taverne zu finden ist und die einzige offene Wirtshaustür in ein *kafenion* führt, gebe ich nie die Hoffnung auf, wenigstens eine einfache Mahlzeit zu bekommen. Denn in den meisten Fällen kramt ein freundlicher Gastwirt doch noch irgendwo eine Scheibe Brot, ein paar Tomaten und eine Dose Fisch hervor.

Auf Lesbos hatten wir sogar noch etwas mehr Glück. Unser Café lag mitten im Nichts, aber der Inhaber zauberte ein paar übriggebliebene, gegrillte Sardinen, einige Eier und eine Pfanne hervor, und als er den Kaffeetopf von seinem winzigen Gaskocher nahm, lernten wir eine der Spezialitäten der Gegend kennen.

FÜR 2 PERSONEN
4 Eier
Salz
schwarzer Pfeffer
2 EL gehackte Petersilie
2 EL Olivenöl
225 g gegrillte Sardinen, ohne Haut und Gräten, oder Sardinen aus der Dose, gut abgetropft und zerdrückt
1 TL Zitronensaft

Die Eier mit 4 Eßlöffel Wasser verquirlen, mit Salz und Pfeffer würzen und 1 Eßlöffel Petersilie einrühren.

Das Öl in einer großen beschichteten Pfanne erhitzen, die zerdrückten Sardinen hineinlegen, mit dem Zitronensaft beträufeln und bei mittlerer Hitze 2 Minuten braten. Die verquirlten Eier darüber geben, die Pfanne mit einem Deckel oder einem Teller abdecken und das Omelett etwa 4–5 Minuten backen, bis die Oberfläche fest ist.

Nun das Omelett auf einen großen Teller gleiten lassen und umgekehrt in die Pfanne zurückgeben. Weitere 2–3 Minuten backen, bis auch die Unterseite des Omeletts goldbraun ist. Aber nicht zu lange backen lassen: das Omelett wird sonst zäh und ledrig.

Das Omelett auf eine vorgewärmte Platte legen – so etwas wäre im *kafenion* ein echter Luxusgegenstand gewesen – und mit der restlichen Petersilie bestreuen. Wie einen Kuchen in Stücke schneiden und servieren.

Thymian

Auf jeder Entdeckungsreise durch die ländlichen Gebiete Griechenlands begleitete uns der intensive Duft von wildem Thymian. Diese Pflanze mit ihren malvenfarbenen Blüten wächst überall im Land, und nichts ist erfrischender, als sich nach einem anstrengenden Weg über einen steinigen Ziegenpfad im Schatten eines großen Thymianbusches auszuruhen.

Die in Griechenland bekannteste Gattung trägt den Namen Thymus capitatus und man behauptet, daß sie bereits in der Antike gezüchtet wurde. Sie soll von allen Thymianarten am intensivsten duften. Ein Extrakt des Thymianöls, Thymol oder Thymiankampfer genannt, wurde lange Zeit wegen seiner antiseptischen Wirkung hochgeschätzt, und man benutzte diese Heilpflanze auch zur Behandlung von Atemwegserkrankungen und Verdauungsstörungen.

Ich kenne keine andere Gewürzpflanze, die den Geschmack von gebratenem oder gegrilltem Fisch, Fleisch und Geflügel so unterstreicht oder die so vielseitig für aromatische Aufgüsse zu verwenden wäre wie der Thymian. Streuen Sie die frischen oder getrockneten Blätter – Sie können auch Blüten verwenden – vor dem Grillen über ein Steak, einen Lamm- oder einen Ziegenbraten und braten Sie damit einmal ein Lamm- oder Schweinekotelett. Selbst ein Grillhähnchen können Sie mit Thymian würzen. Mit Thymian, Reis, Nüssen und anderen Zutaten läßt sich eine Geflügelfüllung verfeinern, zu gebackenem Fisch passen Tomaten mit Thymian. Legen Sie Thymianzweige in Olivenöl oder Essig ein. Das gibt Salatdressings, Saucen und Aufläufen ein besonders feines Aroma. Geben Sie einige Spritzer davon in die Marinade von eingelegtem Fisch und Gemüse.

FRTIERTE KALAMARI MIT KNOBLAUCHSAUCE

Kalamarakia tiganita me skordalia

Chios ist der Hauptexporteur von Mastix, dem ungewöhnlich kristallinen Harz der Mastix-Pistazie. In etwa zwei Dutzend sogenannten „Mastixdörfern" wird dieses Harz zu Kaugummi, Likör und einer geleeartigen Konfitüre verarbeitet. Aber meine besten Erinnerungen an Chios drehen sich nicht um den löffelweisen Genuß von diesem *yprovrychion* (U-Boot) in einem Glas Wasser, sondern um etwas ganz anderes – nämlich um eine Taverne am Hafen, die nach heißen, fritierten Kalamari und nach Knoblauch roch.

FÜR 6 PERSONEN
1 kg Kalamari oder Sepien, gesäubert, gewaschen und sorgfältig trockengetupft
60 g Mehl
Salz
schwarzer Pfeffer
2 TL getrockneter Oregano
Öl zum Fritieren

SAUCE
450 g Kartoffeln, geschält
Salz
8 Knoblauchzehen, zerdrückt
0,35 l Olivenöl
Saft von 2 Zitronen
schwarzer Pfeffer

Diese Knoblauchsauce ist eine Variante der *skordalia*, deren Rezept auf Seite 45 steht und die mit Brot zubereitet wird.

Die Kartoffeln in Salzwasser gar kochen, dann abtropfen lassen und zerstampfen. Es gibt nichts Besseres als den traditionellen steinernen Stößel und einen Mörser, um die Kartoffeln zu einem dicken, sämigen Brei zu zerstampfen, der Hauptzutat für die Sauce. Man kann in diesem Fall keinen Mixer verwenden, denn der Kartoffelbrei wäre dann viel zu locker und zu dünnflüssig, und könnte das Öl nicht gut aufnehmen.

Den zerdrückten Knoblauch unter den Brei rühren, dann tropfenweise und unter ständigem Rühren das Öl und den Zitronensaft dazugeben. Die Sauce mit Salz und Pfeffer würzen und zugedeckt mindestens 1 Stunde ziehen lassen.

Das Mehl mit Salz, Pfeffer und Oregano mischen. Die Kalamari in mundgerechte Stücke schneiden und im Mehl wenden.

Das Öl zum Fritieren bis zum Siedepunkt erhitzen. Die Kalamari entweder in mehreren Portionen je etwa 3 Minuten lang fritieren, bis sie goldbraun sind (oder etwa 2 – 3 Minuten von jeder Seite rösten; dabei vorsichtig wenden, so daß die Teile gleichmäßig knusprig und braun werden).

Die Kalamari mit einem Schaumlöffel herausheben und auf Küchenpapier entfetten. Die Kalamari heiß oder warm mit der Knoblauchsauce und reichlich Brot servieren.

Oben: Töpfe mit Basilikum und aufgezogene Tomaten sind ein typisches Bild auf Chios. Unten: Diese Ziegen in ihrer idyllischen Umgebung lassen den Kenner sofort an selbstgemachten Joghurt denken. Rechts: Zwiebeln trocknen an einer Hauswand auf Chios.

STEAK MIT THYMIAN

Fileto me thimari

Wir waren auf der Suche nach einem römischen Aquädukt kreuz und quer über die Insel Lesbos gefahren. Aber, wie ich zu meiner Schande gestehen muß, wir haben es nie gefunden und uns obendrein auch noch verirrt. Dennoch war nicht alles umsonst. Auf unserem Zickzackkurs fuhren wir an einer Wiese voller purpurner Thymianblüten vorbei, von denen wir eine ganze Tüte voll mit nach Hause nahmen – das perfekte Souvenir für leidenschaftliche Hobbyköche. Die aromatischen Blüten passen hervorragend zu jeder Art von Fleisch und Geflügel.

FÜR 4 PERSONEN
etwa 1 kg Rumpsteak
40 g Butter, zerlassen
schwarzer Pfeffer
2 EL Zitronensaft
1 – 2 EL getrocknete Thymianblüten
oder getrocknete Thymianblätter
Zitronenspalten zum Garnieren

THYMIANBUTTER
100 g weiche Butter
2 Knoblauchzehen, zerdrückt
2 TL Zitronensaft
1 EL frische Thymianblätter
schwarzer Pfeffer

Zuerst sollten Sie die Kräuterbutter vorbereiten, was schon einige Tage im voraus geschehen kann. Die Butter cremig rühren. Den Knoblauch, den Zitronensaft und den frischen Thymian unterrühren und die Butter mit reichlich Pfeffer würzen. Zu einer Rolle formen, in Alufolie wickeln und in den Kühlschrank legen.

Das Fleisch in vier Stücke schneiden. Die Stücke auf beiden Seiten mit der zerlassenen Butter bestreichen, mit Pfeffer würzen und mit dem Zitronensaft beträufeln. Die Fleischstücke auf einer Seite mit der Hälfte der Thymianblüten bestreuen.

Das Fleisch bei starker Hitze 3 – 4 Minuten grillen (den Bratensaft in einer Saftpfanne auffangen), dann wenden. Mit dem Bratensaft aus der Saftpfanne übergießen und mit den restlichen Thymianblüten bestreuen. Weitere 3 – 4 Minuten grillen, bis das Fleisch nach Wunsch durchgebraten ist. Die genaue Grillzeit hängt von der Dicke der Steaks ab.

Die Steaks mit einem Stück Kräuterbutter belegen, mit Zitronenspalten garnieren.

Ein grüner Salat mit einer Prise frischem Thymian paßt besonders gut dazu.

FISCH MIT MAYONNAISE

Psari me mayioneza

Lemnos hat viel mehr zu bieten als nur die Befriedigung der üblichen drei Touristenbedürfnisse: Sonne, Meer und Strand. Die Insel ist seit der Jungsteinzeit besiedelt, und ihre antiken Stätten ziehen den Besucher magisch an. Sie gewähren einen unvergeßlichen Einblick in längst vergangene Zeiten.

Auch das Angebot der Restaurants und Hotels der Insel geht über das durchschnittliche Repertoire der lokalen Küche hinaus. Dazu gehört auch dieses sommerliche Fischgericht, das um so besser schmeckt, je sorgfältiger Sie es zubereiten.

FÜR 4 PERSONEN
1 kg Weißfischfilet
1 mittelgroße Zwiebel, in Scheiben geschnitten
1 Möhre, geviertelt
2 Stangen Bleichsellerie, in Scheiben geschnitten
2 Lorbeerblätter
einige Petersilienstengel
2 EL Zitronensaft
Salz
1 TL schwarze Pfefferkörner
Gemüse zum Garnieren (siehe Zubereitung)

MAYONNAISE
2 Eigelb
2 EL Zitronensaft
0,3 l Olivenöl
Salz
schwarzer Pfeffer
2 TL abgeriebene Schale
einer unbehandelten Zitrone

Die Fischfilets in einen großen Topf legen. Die Zwiebel, die Möhre, den Sellerie und die Kräuter dazugeben und mit soviel Wasser begießen, daß die Fischfilets gerade bedeckt sind. Den Zitronensaft, das Salz und die Pfefferkörner dazugeben und alles langsam erhitzen. Im geschlossenen Topf bei mittlerer Hitze etwa 10 Minuten köcheln lassen. Den Fisch im Sud abkühlen lassen, dann herausnehmen und mit Küchenpapier vorsichtig trockentupfen. (Die Brühe können Sie als Fond für eine Fischsuppe oder eine Sauce verwenden.) Die Fischfilets auf eine Platte legen und beiseite stellen.

Für die Mayonnaise die Eigelbe mit 1 Teelöffel Zitronensaft verrühren. Abwechselnd Öl und Zitronensaft tropfenweise unterrühren. Sobald die Sauce dick und cremig ist, können Sie das Öl unter ständigem Rühren im Faden dazugeben. Die Mayonnaise mit Salz und Pfeffer würzen und die Zitronenschale dazugeben. Gegebenenfalls noch einmal nachwürzen.

Die Fischfilets mit einer dicken, gleichmäßigen Schicht Mayonnaise bedecken.

Nun können Sie ihren kreativen Fähigkeiten freien Lauf lassen. Garnieren Sie die Mayonnaise mit Kapern, Gurkenscheiben, mit roten, grünen und gelben Paprikastreifen oder Garnelen – also mit allem, was Ihnen gefällt oder was Sie im Hause haben.

Zu diesem Fisch reicht man einen grünen Salat und einen Kartoffelsalat aus möglichst kleinen, neuen Kartoffeln: Die heißen Kartoffeln in Scheiben schneiden und mit einer Vinaigrette anrichten.

Olivenöl

Es wird vor dem Grillen auf die schimmernde Haut eines Fisches gestrichen, über *feta*-Käse und dicke Brotschnitten geträufelt und verfeinert so eine Alltagsmahlzeit; es wird in schwarzen Eisenpfannen erhitzt, um darin schnell kleine Fleischstücke anzubraten; es wird in einem gleichmäßigen dünnen Strahl über knackig frische bunte Salate gegeben; es gibt dem *horiatikisalata* (dem griechischen Bauernsalat) erst seinen unvergeßlichen Geschmack; es wird mit einfachem Landwein und Gewürzen vermischt, um darin Fisch und Gemüse einzulegen (etwa Tintenfisch oder Artischocken); es wird leicht erhitzt um darin frisches Gemüse zu dünsten; es wird über Kichererbsenpüree geträufelt, bis es ölig glänzt ... was wäre die griechische Küche ohne ihr Olivenöl?

Die Olivenbäume mit ihren silbergrünen, schimmernden Blättern sind überall in Griechenland zu finden – nach Schätzungen stehen allein auf Korfu etwa 7 Millionen Bäume - und ihre Wurzeln sind nicht nur fest mit dem Boden, sondern auch mit der Geschichte und Kultur Griechenlands verwachsen. Es gibt Hinweise darauf, daß schon in der Jungsteinzeit und der minoischen Zeit Olivenöl zum täglichen Speiseplan gehörte.

Im Idealfall werden die Bäume ständig bewässert; wo aber eine ausreichende Bewässerung nicht möglich oder nicht lukrativ ist, leidet die Ernte: die Bäume tragen dann nur jedes zweite Jahr Früchte. Ein hoher Prozentsatz der in Griechenland gezogenen Oliven – in manchen Gegenden sind es bis zu 98 Prozent – wird zu Olivenöl verarbeitet. Das geschieht in steigendem Maße in modernen Anlagen, aber auch immer noch in den Ölpressen der örtlichen Genossenschaft, die oft mitten in einem Olivenhain stehen. Die Früchte haben einen sehr hohen Ölanteil, der zwischen 75 und 82 Prozent betragen kann, und die Oliven eines einzelnen, gut gewachsenen Baumes können bis zu 100 Liter Öl ergeben.

Ein Olivenöl bester Qualität trägt den Namen „Olivenöl extra vergine" oder „Olivenöl extra vergine, kaltgepreßt". Seine Gewinnung ist einfach: frische, erstklassige Oliven werden zerdrückt; sie werden weder erhitzt noch auf andere Art bearbeitet. „Olivenöl extra vergine" ist von einem hellen, klaren Gelb und völlig geruchlos. Das sogenannte „reine Olivenöl" wird aus dem Fruchtfleisch und den Kernen zweitklassiger Oliven gepreßt. Für Olivenöl der dritten Kategorie werden unter Hitze Zweitpressungen vorgenommen. Dieses Öl ist grünlich und hat einen ausgeprägten Geruch.

Immer dann, wenn Olivenöl zu den geschmacksbestimmenden Zutaten eines Gerichtes zählt, wie etwa bei Salaten, Saucen, Dressings oder Beilagen, sollten Sie die zusätzlichen Kosten nicht scheuen und das beste Öl verwenden, das Sie bekommen können.

Wie alle anderen Fette ist auch das Olivenöl in letzter Zeit von vielen ernährungsbewußten Menschen einer kritischen Prüfung unterzogen worden. Die Aufschlüsselung der Fettsäuren – durchschnittlich 12 Prozent mehrfach ungesättigte, 16 Prozent gesättigte und 72 Prozent einfach ungesättigte Fettsäuren – läßt Olivenöl unter gesundheitlichen Gesichtspunkten eher neutral erscheinen. Es besitzt weder einen so hohen Anteil an saturiertem Fett wie die festen Fette (etwa Butter) noch die den Cholesterinspiegel senkenden Fähigkeiten anderer Pflanzenöle (wie Sonnenblumen- oder Distelöl), bei denen ein wesentlich höherer Anteil an mehrfach ungesättigten Fettsäuren nachgewiesen ist. Aber wenn Ihnen ein Grieche eine Flasche vom besten Olivenöl seines Dorfes schenkt, werden solche Überlegungen eher nebensächlich.

KALBFLEISCHBÄLLCHEN A LA LEMNOS

Moscharaki Limnou

Es hat mich immer gewundert, daß Joghurt in der kulinarischen Tradition Griechenlands keine größere Rolle spielt, obwohl er in jedem Bauernhaus zu finden ist und es ganz ausgezeichnete Sorten in den Cafés und Geschäften zu kaufen gibt. Um so erfreuter war ich, als man mir in einer Taverne auf Lemnos dieses Kalbfleischgericht servierte.

FÜR 4 PERSONEN
4 EL Olivenöl
1 mittelgroße Zwiebel, fein gehackt
2 Knoblauchzehen, zerdrückt
450 g mageres Kalbfleisch, gehackt
75 g Paniermehl
1 EL gehackter Koriander
Salz
schwarzer Pfeffer
Mehl zum Bestäuben
50 g Butter

SAUCE
1 EL Mehl
0,2 l Hühnerbrühe
Salz
schwarzer Pfeffer
150 g griechischer Joghurt
1 EL gehackter Koriander

In einer großen Pfanne 2 Eßlöffel Öl erhitzen und die Zwiebel darin bei schwacher Hitze glasig dünsten. Die zerdrückten Knoblauchzehen dazugeben und etwa 1 Minute mitdünsten.

Die Zwiebel und den Knoblauch mit dem Kalbfleisch in eine Schüssel geben und das Ganze mit einem Holzlöffel gut vermengen. Das Paniermehl und den Koriander unterrühren, mit Salz und Pfeffer würzen. Die Masse gut durchrühren.

Aus der Fleischmasse mit bemehlten Händen etwa golfballgroße Klöße formen, in Mehl wälzen.

Das restliche Öl und die Butter in der Pfanne erhitzen und die Fleischklößchen darin bei mittlerer Hitze rundherum anbraten. Das dauert 7 – 8 Minuten.

Die Fleischklößchen mit einem Schaumlöffel aus der Pfanne heben und beiseite stellen. Das Mehl in die Pfanne geben und in dem Bratfett anschwitzen lassen. Langsam und unter ständigem Rühren mit der Hühnerbrühe ablöschen. Die Sauce mit Salz und Pfeffer würzen. Die Fleischklößchen in die Sauce geben. In der geschlossenen Pfanne bei schwacher Hitze etwa 30 Minuten leise köcheln lassen; dabei die Fleischklößchen mehrmals wenden.

Seite 86/87: Kalbfleischbällchen à la Lemnos.

Den Joghurt einrühren und erhitzen, die Sauce jedoch nicht aufkochen lassen. Die Sauce bei Bedarf nochmals würzen. Das Gericht mit Koriander bestreuen und servieren.

Dazu schmecken in Butter geschwenkte Nudeln mit frischen gehackten Kräutern.

KALBSGULASCH MIT ZUCCHINI

Moschari me kolokithakia

Ein Besuch auf Samos hätte beinahe mein ganzes Leben verändert. Aber nur „beinahe“. Ich sagte dort zu einem wettergegerbten alten Ziegenhirten, wie glücklich er sich schätzen dürfe, immer frischen, sahnigen Joghurt zu bekommen.

„Tja“, sagte er, „du kannst bei dir zu Hause auch immer frischen Joghurt haben, wenn es dir nichts ausmacht, daß die Ziegen alle Blumen und alles Gemüse fressen und du jeden Morgen um vier Uhr aufstehen mußt, um sie zu melken.“ Das war dann doch nicht ganz mein Fall, und deshalb bin ich sehr froh, daß man heutzutage in unseren Geschäften sehr guten griechischen Joghurt kaufen kann.

FÜR 4 – 6 PERSONEN
1 kg mageres Kalbfleisch, vom Fett befreit und gewürfelt
3 EL Olivenöl
2 mittelgroße Zwiebeln, gehackt
2 Stangen Bleichsellerie, in dünne Scheiben geschnitten
2 Knoblauchzehen, fein gehackt
3 EL Tomatenmark
Salz
schwarzer Pfeffer
1 TL gemahlener Kreuzkümmel
450 g Zucchini, geputzt und in Scheiben geschnitten
150 g griechischer Joghurt

Die Fleischwürfel auf Küchenpapier trockentupfen. Das Öl in einem großen Topf erhitzen und das Fleisch darin portionsweise von allen Seiten anbraten. Das Fleisch mit einem Schaumlöffel aus dem Topf heben und in einer Schüssel beiseite stellen.

Die Zwiebeln und den Sellerie in den Topf geben und etwa 3 Minuten bei mittlerer Hitze anbraten, den Knoblauch dazugeben und weitere 1 – 2 Minuten Farbe nehmen lassen. Das Tomatenmark unterrühren. Das Fleisch zurück in den Topf geben und unter Rühren 0,6 Liter Wasser angießen. Das Ganze mit Salz, Pfeffer und dem Kreuzkümmel würzen und gut durchrühren. Das Gulasch zum Kochen bringen und im geschlossenen Topf bei mittlerer Hitze etwa $1^1/_2$ Stunden köcheln lassen. Die Zucchini dazugeben und 10 – 15 Minuten mitkochen lassen, bis das Fleisch und die Zucchini gar sind. Die Sauce abschmecken. Wenn das Gulasch ein wenig zu dünnflüssig ist, den Deckel abnehmen, die Kochtemperatur erhöhen und die Flüssigkeit ein wenig einkochen lassen. Kurz vor dem Servieren den Joghurt einrühren und die Sauce noch etwas erhitzen, aber nicht kochen lassen, da der Joghurt sonst gerinnt.

LAMM-MAKKARONI-AUFLAUF

Pastitsio

Die griechische Küche steht den kalten Resten von gestern nicht so abwertend gegenüber, wie es bei uns der Fall ist, und tatsächlich sind viele Gerichte, die im allgemeinen frisch aus dem Backofen gegessen werden, auch kalt oder aufgewärmt noch ebenso schmackhaft. Dieser Nudelauflauf ist dafür ein gutes Beispiel.

An einem idyllischen Frühlingstag machten wir in einer einsamen Bucht auf der Insel Thasos ein Picknick, und ein Freund brachte dazu eine riesige runde Form mit einem fettglänzenden, knusprig-braunen Nudelauflauf mit. Sowohl der kalte Auflauf als auch die blau-goldene Kulisse waren die reinste Wonne.

FÜR 4 – 6 PERSONEN

4 EL Olivenöl
1 mittelgroße Zwiebel, gehackt
2 Knoblauchzehen, zerdrückt
450 g mageres Lammhackfleisch
2 mittelgroße Möhren, geraspelt
450 g Tomaten aus der Dose, gehackt
0,1 l Weißwein
4 EL frischer, gehackter Koriander (ersatzweise Petersilie)
Salz
schwarzer Pfeffer
225 g kurze Makkaroni
50 g Butter
4 EL kefalotiri-Käse oder ein anderer Hartkäse, gerieben

JOGHURTSAUCE

300 g griechischer Joghurt
2 Eier
Salz
schwarzer Pfeffer
Muskat
4 EL kefalotiri-Käse oder ein anderer Hartkäse, gerieben

Das Öl in einer Pfanne erhitzen und die Zwiebel darin bei mittlerer Hitze glasig dünsten. Den Knoblauch dazugeben und etwa 1 Minute mitdünsten. Das Lammhackfleisch dazugeben und unter gelegentlichem Rühren gleichmäßig bräunen. Die Möhren, die Tomaten, den Wein und 2 Eßlöffel Koriander oder Petersilie dazugeben und mit Salz und Pfeffer würzen. Alles etwa 15 Minuten bei mittlerer Hitze kochen lassen, bis die Flüssigkeit verdunstet ist. Die Fleisch-Gemüse-Mischung sollte nun die Konsistenz einer dicken Paste haben.

In einem großen Topf Salzwasser zum Kochen bringen und die Makkaroni darin bißfest garen. In ein Sieb geben, gut abtropfen lassen und in eine Schüssel füllen. Die Butter, den restlichen Koriander oder die Petersilie und den geriebenen Käse dazugeben, alles miteinander vermengen und mit Salz und Pfeffer würzen.

Für die Joghurtsauce den Joghurt mit den Eiern verquirlen und mit Salz, Pfeffer und einer Prise Muskat würzen. Den Backofen auf 190° C vorheizen.

Eine große Auflaufform (ich verwende eine Form von 25 x 18 x 7,5 cm) einfetten und die Hälfte der Makkaroni hineingeben. Die Makkaroni mit der Fleischsauce bedecken und die restlichen Makkaroni darüber verteilen. Die Joghurtsauce gleichmäßig darüber gießen und mit dem Käse bestreuen.

Den Auflauf im Backofen (Mitte) 25 – 30 Minuten backen, bis die Oberfläche knusprig und goldbraun ist. Heiß oder kalt servieren.

Haltbarmachen von Joghurt

Wenn man kalten Joghurt in eine heiße Suppe oder einen Auflauf gießt, gerinnt er fast immer in kürzester Zeit. Um dies zu vermeiden, können Sie immer wieder eine Portion Joghurt haltbar machen, so daß Sie zum Kochen immer etwas Joghurt zur Hand haben.

Für 1 Liter Joghurt: 1 leicht geschlagenes Eiweiß oder 1 Eßlöffel Speisestärke mit etwas Wasser oder Milch zu einem sämigen Brei verrühren. Diesen Brei in den Joghurt rühren. Den Joghurt langsam erhitzen, dabei leicht und immer nur in eine Richtung umrühren. Wenn der Joghurt den Siedepunkt erreicht hat, die Kochplatte auf die niedrigste Stufe einstellen, einen Wärmeverteiler – wenn Sie so etwas besitzen – unter den Topf stellen und den offenen Topf etwa 10 Minuten stehen lassen. Den Topf vom Herd nehmen und den Joghurt auskühlen lassen. In einem verschlossenen Gefäß in den Kühlschrank stellen; dort ist er bis zu zwei Wochen haltbar.

Links: Das von Wäldern bedeckte und äußerst fruchtbare Samos ist eine der wenigen wirklich „grünen" Inseln der Ägäis. Ganz oben: Ein Hausierer – und sein Esel – bringen Abwechslung in das dörfliche Leben. Oben: Thymianblüten sind nicht nur ein außergewöhnliches Souvenir, sie eignen sich auch hervorragend zum Würzen von Grill- oder Bratenfleisch.

KASTANIENBERGE

Glikisma me kastana

Thasos ist eine dichtbewachsene, dunkelgrüne Insel – außer im Frühling, wenn die Kastanienbäume blühen und die Obstgärten mit dem romantischen Rosa und Weiß der Blüten gesprenkelt sind wie mit buntem Konfetti: Sie versprechen eine reiche Ernte von Granatäpfeln, Pfirsichen, Pflaumen und Birnen, die in der lokalen Küche als schmackhafte Süßigkeiten und Desserts wieder auftauchen. Diesen Nachtisch aus Kastanien, der an das italienische Dessert „monte bianco" erinnert, aßen wir in einem Bauernhaus auf Thasos. Die in den Konditoreien hergestellten Variationen waren dagegen eine glatte Enttäuschung.

FÜR 4 PERSONEN
1 kg Eßkastanien
Salz
0,9 l Milch
50 g Zucker
4 EL Honig
1 TL Vanille-Extrakt
75 g geriebene Schokolade
5 EL Weinbrand
griechischer Joghurt zum Garnieren
geriebene Schokolade zum Garnieren (nach Wunsch)

In einem großen Topf reichlich Salzwasser zum Kochen bringen.

Die Schale der Kastanien kreuzweise einritzen und die Kastanien in dem Salzwasser 20 – 25 Minuten kochen. Herausnehmen und handwarm abkühlen lassen, dann die Schalen und die inneren braunen Häutchen entfernen.

Die Kastanien halbieren und mit der Milch, dem Zucker, dem Honig und dem Vanille-Extrakt in einen Topf geben und bei schwacher Hitze 40 – 45 Minuten kochen, bis die Kastanien weich sind und die Milch aufgenommen haben. Die Kastanien in einem Mixer pürieren und durch ein grobes Sieb passieren.

Das Kastanienpüree wieder in den Topf geben, die geriebene Schokolade und den Weinbrand hinzugeben und die Mischung zu einem dicken Brei verrühren.

Das Kastanienpüree auf Desserttellern anrichten, es soll aussehen wie kleine Berge. Die „Bergspitzen" mit einem Klacks Joghurt krönen und das Dessert nach Wunsch mit geriebener Schokolade garnieren.

Für eine schnelle und weniger authentische Version dieser Nachspeise schlage ich eine Büchse ungesüßtes Kastanienpüree weich und rühre eine Mischung aus Honig, Schokolade und Weinbrand darunter, die ich vorher erhitzt habe.

MANDELBIRNEN

Amigdalota

Nichts von dem, was wir über Ikaria gelesen hatten – über die Ruinen der antiken Stadt Dionysias und über die Kette gastfreundlicher kleiner Dörfer an den Gebirgshängen, wo auf den Balkonen die Blumen und in den Gärten die Obst- und Nußbäume blühen –, konnte etwas von der stillen Schönheit der Insel erahnen lassen. Und so kamen wir das erste Mal auch nur durch Zufall nach Ikaria, weil wir uns auf das falsche Boot gedrängt hatten. Es war ein glücklicher Zufall.

FÜR 12 MANDELBIRNEN
450 g abgezogene Mandeln
175 g Puderzucker
75 g feiner Weizengrieß
3 Eiweiß
2 EL Orangenblütenwasser
12 Gewürznelken
Puderzucker zum Bestäuben
etwas Orangenblütenwasser zum Bestreichen

Die Mandeln in einem Mixer mahlen und in eine Schüssel geben. Den Zucker, den Weizengrieß, das Eiweiß und das Orangenblütenwasser dazugeben und zu einer glatten, sämigen Paste verrühren. Wenn die Paste zu weich zum Formen ist – das hängt von der Menge Eiweiß ab, die Sie benutzt haben –, rühren Sie noch ein wenig Weizengrieß ein.

Die Mandelpaste in 12 Portionen teilen und jede zu einer Birne formen – Sie können natürlich auch Äpfel formen. In die Spitze jeder Birne eine Gewürznelke stecken. Den Backofen auf 180° C vorheizen.

Die Birnen auf ein gefettetes Backblech legen und im Backofen (Mitte) 15 – 20 Minuten backen, bis ihre Oberfläche knusprig und leicht gebräunt ist. Herausnehmen und abkühlen lassen.

Die kalten Birnen mit Orangenblütenwasser bestreichen und vorsichtig in Puderzucker wälzen. Die Birnen ein paar Minuten liegen lassen und danach erneut mit Puderzucker bestäuben.

Reichen Sie die Birnen als Konfekt zu griechischem Kaffee und einem Glas Eiswasser.

HONIGBONBONS MIT SESAMKÖRNERN

Pasteli

So sehr ich den Anblick und die Geräusche bunter Fischerboote liebe, die an einer Kaimauer auf und ab tanzen, so wenig kann ich es auch erwarten, das Innere einer Insel zu erforschen und die Dörfer abseits der ausgetretenen Pfade zu besuchen.

Gerade auf Lemnos erwies sich dieses Freizeitvergnügen als besonders gewinnbringend, denn in der nahezu baumlosen Landschaft entdeckten wir eine ganze Reihe fast schon türkisch wirkender Dörfer. In einem dieser Dörfer wurden wir besonders freundlich begrüßt, und zwar mit einem in Papier eingewickelten weichen Toffee, einem Glas Eiswasser und der Aufforderung, doch wieder vorbeizukommen.

FÜR ETWA 750 G
450 g Honig
100 g Zucker
225 g Sesamkörner

Sollten Sie zufällig lemnischen Honig im Hause haben, verwenden Sie diesen, denn die Insel ist berühmt für die Qualität und das Aroma dieser Spezialität.

Den Honig in eine kleine schwere Pfanne mit dickem Boden geben – am besten wäre eine Gußeisenpfanne – und den Zucker und die Sesamkörner einrühren. Das Ganze bei mittlerer Hitze etwa 15 Minuten kochen, bis der Honig dunkler wird, dabei gelegentlich umrühren. Eine Tasse mit kaltem Wasser bereitstellen und etwa 1 Teelöffel der Honig-Sesam-Mischung hineingeben. Wenn die Mischung lange genug gekocht hat, sollte sie sich sofort zu einer festen Kugel verformen, die sich mit den Fingern nicht mehr eindrücken läßt.

Die Mischung auf ein leicht eingeöltes Backblech streichen und erkalten lassen. Sobald die Masse hart wird, auf der Oberfläche kleine Vierecke einritzen, damit sich die Bonbons später leichter trennen lassen. Die Bonbons in Vierecke schneiden, einzeln in Wachspapier einwickeln und in einer luftdichten Dose aufbewahren. Die Bonbons sind lange haltbar, wenn Sie sich zurückhalten können.

Griechischer Kaffee

Griechischer Kaffee ist in Wirklichkeit türkischer Kaffee – denn er wurde im 16. Jahrhundert durch die Türken nach Europa gebracht –, aber es wäre nicht sehr taktvoll, dies zu sagen, so lange Sie sich auf griechischem Boden befinden.

Die Zubereitung von Kaffee ist nicht nur ein Ritual, sondern auch eine hohe Kunst, auf die jeder Grieche stolz ist, und dementsprechend wird jedem Detail besondere Aufmerksamkeit geschenkt. Achten Sie einmal auf das vergnügte Gesicht eines Einheimischen, wenn er Ihnen im Garten seines Hauses eine Tasse Kaffee serviert oder auf die Freude eines noch so bescheidenen *kafenion*-Wirts, wenn er Ihnen auf einem zerbeulten Aluminiumtablett eine winzige Tasse Kaffee und ein Glas Wasser bringt: Kaffee ist das Symbol griechischer Gastfreundschaft.

Wenn Sie selbst einen griechischen Kaffee kochen wollen, benötigen Sie dazu sehr fein gemahlenes Kaffeepulver oder Bohnen, die in einer der hohen, zylindrischen und sehr dekorativen griechischen Kaffeemühlen fast zu Staub zermahlen werden müssen. Sie können den Kaffee zwar auch in einem kleinen Topf kochen, aber davon rate ich ab. Greifen Sie statt dessen zu einem *briki*, dem traditionellen Metalltopf mit langem Stiel, der mit seiner Tülle fast wie eine Kanne aussieht. Sie können diesen Topf für wenig Geld in allen Größen kaufen.

Mit einer Kaffeetasse messen Sie die richtige Wassermenge ab. Gießen Sie das Wasser in den Topf und bringen Sie es zum Kochen. Für jede Tasse Kaffee geben Sie 1 gehäuften Teelöffel Kaffeepulver in den Topf, lassen das Pulver sinken und geben nach Belieben Zucker dazu. (Wenn jemand seinen Kaffee ohne Zucker trinkt, sollten Sie diesen in einem separaten Topf kochen.) Nun muß das Wasser erneut aufkochen. Nehmen Sie den Topf vom Herd, bis der aufsteigende Schaum absackt; der Kaffee darf bis dahin nicht umgerührt werden. Kochen Sie den Kaffee noch zweimal auf. Erst jetzt rühren Sie den Kaffee kurz durch, damit sich das Kaffeepulver gleichmäßig verteilt, und gießen ihn dann sofort in die Tassen, das Pulver darf sich nicht wieder absetzen. Zu jeder Tasse Kaffee reicht man ein Glas Eiswasser. Und denken Sie daran, daß der gemütliche Genuß von griechischem Kaffee der schönste Teil der Zeremonie ist.

KAPITEL 6

Euböa und die Sporaden

Euböa, nach Kreta die zweitgrößte griechische Insel, hat viel Interessantes zu bieten – aber nur wenige Menschen wissen das. Die ganze Insel glitzert im schimmernden Grün der Oliven, Pappeln und Pinien; je nach Jahreszeit leuchtet sie wie die Palette eines Künstlers in den unterschiedlichsten Rosatönen der Judasbaumblüten, Malven, Baumheide und des Oleanders; und sie ächzt beinahe unter dem Gewicht der Trauben, Feigen, Granatäpfel, Walnüsse und Kastanien, die dort gedeihen.

Zwei dieser Früchte, nämlich Walnüsse und Trauben, werden zu einem schmackhaften Konfekt verarbeitet, das man *sesfikia* nennt. Auf den ersten Blick könnte man die langen, dünnen, honigfarbenen Streifen für Würstchen halten, denn sie hängen in den Bäumen vieler Dorfgärten – etwa in Ochthonia – oder baumeln in den Gemischtwarenläden von der Decke. Das Rezept dafür ist ein Meisterstück an Vernunft und Sparsamkeit. Der Most, der nach der Weinkelter übrigbleibt, wird aufgekocht, bis er eindickt. Dann werden Walnußkerne hineingetaucht und zum Trockenen an Drähten in die Sonne gehängt. Diese frischen Nüsse in ihrer klebrig-süßen Hülle werden zu Weihnachten als Konfekt auf den Tisch gebracht. Aber wenn man nicht so lange warten möchte, kann man das Konfekt auch warm und frisch aus dem Topf essen. Es wird vorher noch kurz mit gehackten Walnüssen bestreut und als Dessert gereicht – *karidia.*

Vom kleinen Hafen von Paralia Kimi aus geht die Fähre nach Skyros, der nächstliegenden Insel der Sporaden. In den zahlreichen kleinen Tavernen direkt am Hafen können Sie ohne Probleme für den nächsten Tag Ihr Lieblingsgericht bestellen. Der lange, rauhe Sandstrand wird nur unterbrochen von großen Büscheln schattenspendendem Pampasgras und den blauen Kuppeln einiger Fischerkapellen. Und bis zur Weinlese werden hier ganz selbstverständlich Reihen von Weinfässern gelagert.

Ein Stück weiter, auf der Insel Skopelos, pflegen die Hausfrauen noch die kulinarischen Traditionen und bereiten nach überlieferten Rezepten süße Mandeltorten, Walnußkuchen und kandierte Früchte aller Art zu. Alonissos begrüßt den Besucher mit dem intensiven Duft von Salbei, Thymian und

Links: An einem abgelegenen Fleck auf Euböa werden Ziegen gehütet. Unten: Eine Kapelle am Straßenrand, geschmückt mit einem stefani, dem Blumenring zur Feier des Ersten Mai.

Oregano. Dort macht man einen ausgezeichneten Frischkäse, *xynogalo*, und im Herbst gibt es Wildbret aller Art. Die Köche auf Skiathos sind auf Klößchen spezialisiert, die sie aus Fischrogen (siehe unten), Zucchini, Hackfleisch oder sogar aus Seeanemonen zubereiten. Auf Skyros umfaßt die Bandbreite der Spezialitäten süßes Gebäck (siehe Seite 104) und eine deftige weiße Bohnensuppe, die mit wildem Fenchel und Zitronensaft gewürzt wird.

Unsere erste Begegnung auf Skyros war höchst ungewöhnlich. Als wir in der alten Stadt Chora den Bus verließen, sprachen uns zwei Schwestern in mittleren Jahren an. Sie verkündeten, daß mein Mann Douglas ein ehrliches Gesicht hätte und daß wir deshalb das Haus ihrer verstorbenen Eltern mieten dürften – was wir dann auch sehr gern taten. Das Haus war wie ein Totenschrein der Eltern bewahrt geblieben und wirkte fast wie ein Museum skyrischer Kultur. Im Wohnzimmer standen an der Wand drei aus Holz geschnitzte Betten, in der Mitte des Raumes ein Tisch mit einem riesigen Tischläufer darauf und in einer Ecke ein Steinofen. Ganz nach skyrischer Art waren die Regale bis zum Rand gefüllt mit teurem blauen und weißen Porzellan, und an den Wänden hingen Dutzende von glänzenden Kupferpfannen. Auch an die praktischen Dinge des Lebens hatte man gedacht: in einer Nische gab es eine flache Küchenspüle aus Granit und einen winzigen tragbaren Gaskocher und zur Straße hin ein kleines Bad.

In kürzester Zeit war mein Interesse für Kochrezepte überall bekannt, und ich wurde in jede Küche eingeladen, oft schon vor dem Frühstück, um bei einer Geflügelfüllung, einem Kuchen oder einer Knoblauchsauce zu helfen. Daher erlebte ich viele Male einen korallenroten Sonnenaufgang über den Dächern des Dorfes während ich unablässig etwas hackte, zerstampfte und rührte, und nach einigen Tagen wurde mir klar, daß der kühle frühe Morgen wirklich der beste Zeitpunkt für kreatives Kochen ist. Ich wünschte nur, ich hätte das auch zu Hause beibehalten.

* * *

TINTENFISCH IN ROTWEINESSIG

Chtapodi toursi

Amarinthos auf Euböa entspricht nicht unbedingt unseren Vorstellungen von einem Bilderbuchstädtchen, aber es verfügt über einige Besonderheiten, die das wieder aufwiegen. Die Küstenstraße säumen eine endlose Reihe bunter, lebhafter Fischtavernen und lärmender Straßenstände mit einem kunstvollen Arrangement von glänzendem, fangfrischem Fisch. Fast jeder weibliche Familienvorstand – die *yia-yia* – versteht sich auf die Zubereitung von eingelegtem Tintenfisch, der mit einem *ouzo* als Vorspeise serviert wird.

FÜR 8 PERSONEN
1 kg junger Tintenfisch
etwa 0,15 l Olivenöl
etwa 0,15 l Rotweinessig
4 Knoblauchzehen, zerdrückt
Salz
schwarzer Pfeffer
4 - 6 Zweige frischer Thymian oder
1 TL getrockneter Thymian
Zitronenspalten zum Garnieren

Den Tintenfisch waschen und vorbereiten (siehe Seite 12). Den Kopf und die Tentakel mit 6 – 8 Eßlöffel Wasser im geschlossenen Topf bei schwacher Hitze etwa 1 – 1¼ Stunden leise köcheln lassen. Mit einem Spieß testen, ob der Fisch gar ist. Die überschüssige Flüssigkeit abgießen und den Fisch erkalten lassen.

Den Tintenfisch in etwa 1 cm breite Streifen schneiden, die Streifen in einem Glas mit Schraubverschluß locker übereinanderschichten. Das Öl und den Essig mit dem Knoblauch verrühren und mit Salz und Pfeffer würzen. Falls Sie getrockneten Thymian bevorzugen, sollten Sie ihn jetzt dazugeben. Den Tintenfisch vollständig mit der Essig-Öl-Mischung bedecken – die genauen Mengen hängen von der Größe des verwendeten Gefäßes ab. Die frischen Thymianzweige erst jetzt in das Glas legen.

Das Glas verschließen und mindestens 4 – 5 Tage ruhen lassen.

Den Tintenfisch vor dem Servieren etwas abtropfen lassen und auf kleinen Tellern anrichten und mit Zitronenspalten garnieren.

Man reicht dazu wenigstens einen Tag altes Brot, das in Würfel geschnitten und auf kleine Cocktailspießchen gespießt wird.

FISCHROGENROLLEN

Taramokeftedes

Bitte erschießen Sie mich nicht, wenn Sie auf Skiathos in keiner einzigen Taverne *taramokeftedes* bekommen können, obwohl ich behauptet habe, daß diese Fischrogenrollen zu den kulinarischen Spezialitäten der Insel gehören. Dies belegt nur die tiefe Kluft zwischen dem leider oft sehr allgemein gehaltenen Angebot der Tavernen und der regionalen Küche in den griechischen Haushalten.

Falls Sie einen Tavernenwirt näher kennenlernen, können Sie ihn vielleicht dazu überreden, die Röllchen für Sie zuzubereiten. Oder Sie versuchen es selbst einmal bei sich zu Hause.

FÜR 4 PERSONEN
4 Scheiben Weißbrot, ohne Kruste
3 EL Olivenöl
2 mittelgroße Zwiebeln, in Scheiben geschnitten
225 g geräucherter Dorschrogen
25 g feiner Weizengrieß
2 EL Zitronensaft
6 EL frischer, gehackter Koriander (oder Petersilie)
schwarzer Pfeffer
Salz
Mehl zum Bestäuben
Zitronenspalten zum Garnieren
etwas Olivenöl zum Braten

Das Brot etwa 15 Minuten in Wasser einweichen, herausnehmen und gut ausdrücken. Das Öl in einem kleinen Topf erhitzen und die Zwiebeln darin bei mittlerer Hitze leicht anbräunen.

Den Fischrogen, das Brot und die Zwiebeln in einem Mixer zu einer groben Paste pürieren.

Diese Masse in einer Schüssel mit dem Weizengrieß, dem Zitronensaft und dem gehackten Koriander oder der Petersilie verrühren und mit Pfeffer und Salz würzen.

Aus der Masse mit bemehlten Händen kleine Rollen formen, diese mit Mehl bestäuben.

Das Öl in einer großen Pfanne erhitzen und die Fischrogenrollen darin 7 – 8 Minuten bei mittlerer Hitze braten. Die Rollen dabei häufig wenden, damit sie gleichmäßig braun werden.

Die Fischrogenrollen auf Küchenpapier entfetten und heiß mit Zitronenspalten und nach Wunsch mit Salzkartoffeln und einem grünen Salat servieren. Die Fischrogenrollen schmecken aber auch kalt ausgezeichnet.

Ouzo

Wenn Sie einen begeisterten Griechenlandfan – wie etwa meinen Mann – nach seinem bevorzugten Freizeitvergnügen auf den griechischen Inseln fragen, wird er sich vor seinem geistigen Auge mit einem Glas milchigweißem *ouzo* und einem Teller gegrillter Tintenfischstücke als *mezedakia* vor einer Taverne sitzen sehen und das geschäftige Treiben im Hafen beobachten.

Aufgrund seines kräftigen – für manche zu kräftigen – Anisaromas entspricht der *ouzo* nicht jedermanns Geschmack, aber am richtigen Ort, zur richtigen Zeit und in Maßen genossen, bildet er einen wichtigen Bestandteil dessen, was Griechenland eigentlich ausmacht. (Obwohl auch in den anderen Ländern des Nahen Ostens Anisschnaps gebrannt wird.)

Ouzo wird aus Trauben gebrannt und entsteht häufig als Nebenprodukt bei der Weinkelter. Einige Sorten werden zweifach gebrannt und zusätzlich mit Anissamen und anderen Kräutern versehen, oder man verleiht ihnen mit Mastix ein intensives Lakritzaroma.

Meistens wird diese klare, farblose und relativ preisgünstige Spirituose in schlanken, hohen Gläsern mit einem Glas Eiswasser serviert. Auch wenn einige alte Insulaner mißbilligend die Stirn runzeln, sollten Sie ein wenig Wasser in den *ouzo* gießen, der sich dadurch milchig verfärbt.

Zum *ouzo* gibt es immer eine Kleinigkeit zu knabbern; das können knusprige Tintenfischstückchen sein oder kleine Stückchen gefüllte Weinblätter, Brotwürfel mit Käse und Gurkenscheiben oder einfach eine Schale mit Erdnüssen oder Oliven. Oft sind diese *mezethakia* für die entspannte Atmosphäre vor dem eigentlichen Essen von solch großer Bedeutung, daß viele *ouzo*-Kenner ihre *ouzaria* (spezielle *ouzo*-Bar) oder ihr *kafenion* nach der Vielfalt und Qualität der dort angebotenen Vorspeisen auswählen. Und natürlich nach der Aussicht.

STOCKFISCH MIT ZUCCHINI

Bakalarios me kolokithakia

Schon einige Wochen vor Ostern findet man in vielen Inselgeschäften Holzschachteln mit ledrig aussehendem Stockfisch, der Hauptbestandteil einer traditionellen Fastenmahlzeit.

Es ist immer wieder verblüffend, wie köstlich dieser Fisch schmecken kann, wenn man ihn in kaltem, klarem Wasser ausgiebig wässert und anschließend zusammen mit verschiedenen bunten Gemüsesorten zubereitet.

FÜR 4 – 6 PERSONEN
750 g Stockfisch
8 EL Olivenöl
1 grüne Paprikaschote, von den Kernen befreit und in Ringe geschnitten
2 mittelgroße Zwiebeln, in Scheiben geschnitten
6 Knoblauchzehen, gehackt
450 g Tomaten, abgezogen und gehackt
6 EL Rotwein
1 TL Zucker
2 EL Zitronensaft
schwarzer Pfeffer
225 g Zucchini, in dünne Scheiben geschnitten
2 EL frischer, gehackter Koriander (oder Petersilie)
Zitronenspalten zum Garnieren

SALAT
½ kleiner Kopfsalat, fein geschnitten
½ Salatgurke, geviertelt und in Scheiben geschnitten
6 Frühlingszwiebeln, geputzt und in Scheiben geschnitten
3 EL frischer, gehackter Koriander (oder Petersilie)
5 EL Olivenöl
2 EL Rotweinessig
Salz
schwarzer Pfeffer

Den Stockfisch in einer Schüssel mit kaltem Wasser etwa 24 Stunden einweichen; während dieser Zeit das Wasser ein- oder zweimal wechseln. Die Haut und die Gräten entfernen und den Fisch in Würfel schneiden.

In einer Pfanne 6 Eßlöffel Öl erhitzen, die Paprikaringe darin von beiden Seiten jeweils etwa 1 Minute bei mittlerer Hitze andünsten, mit einem Schaumlöffel herausnehmen und beiseite stellen.

Den Stockfisch in dem Öl von allen Seiten jeweils etwa 3 Minuten anbraten, mit einem Schaumlöffel herausnehmen und beiseite stellen.

Die restlichen 2 Eßlöffel Öl dazugeben und die Zwiebeln darin bei schwacher Hitze glasig dünsten. Den Knoblauch dazugeben und etwa 1 Minute mitdünsten. Die Tomaten, den Wein und den Zucker dazugeben und alles zum Kochen bringen. Die Sauce in der geschlossenen Pfanne etwa 10 Minuten bei mittlerer Hitze köcheln lassen. Die Sauce mit dem Zitronensaft und Pfeffer würzen. Den Fisch wieder in die Pfanne geben, vollständig mit Sauce bedecken und in der geschlossenen Pfanne bei schwacher Hitze etwa 45 Minuten schmoren lassen. Falls die Sauce zu sehr eindickt, etwas Wasser dazugeben.

Die Zucchini dazugeben und etwa 15 Minuten mitkochen lassen. 1 Eßlöffel gehackten Koriander

Stockfisch mit Zucchini, eine Fastenmahlzeit.

oder gehackte Petersilie dazugeben. Die Paprikaringe auf den Stockfisch legen, heiß werden lassen und das Ganze mit dem restlichen Koriander bestreuen. Mit den Zitronenspalten garnieren.

Für den Salat den Kopfsalat, die Gurke, die Frühlingszwiebeln und den gehackten Koriander oder die Petersilie miteinander mischen. Das Öl und den Essig verrühren und mit Salz und Pfeffer würzen, über den Salat gießen und alles sorgfältig vermengen. Besonders schön sieht es aus, wenn Sie den Salat mit einer Zucchiniblüte garnieren.

AALSUPPE

Cheli soupa

Für viele Urlauber – selbst für passionierte Griechenlandbesucher – wird die Fahrt nach Euböa oft zur echten Forschungsreise. Strenggenommen ist es eigentlich gar keine Reise, denn die grüne, fruchtbare Insel liegt nur 88 Kilometer von Athen entfernt und ist mit dem Festland durch eine Zugbrücke verbunden.

Aber mit ihren strahlenden byzantinischen Kirchen, einer einst furchteinflößenden venezianischen Festung sowie einer prähistorischen Ausgrabungsstätte gibt es auf der Insel mehr als genug zu entdecken. Und auf den Speisekarten findet man zahlreiche Wildbret- und Fischgerichte, wobei der Aal zu den besonderen Spezialitäten zählt.

FÜR 4 – 6 PERSONEN
8 EL Olivenöl
2 mittelgroße Zwiebeln, in Scheiben geschnitten
6 Stangen Bleichsellerie,
in dicke Scheiben geschnitten
2 Knoblauchzehen, fein gehackt
1 kg Aal, enthäutet und
in 4 cm dicke Stücke geschnitten
1,75 l Fischfond (siehe Seite 17) oder Wasser
2 Lorbeerblätter
Salz
schwarzer Pfeffer
75 g Langkornreis, gewaschen und abgetropft
2 Eier
Saft von 2 Zitronen
2 TL Speisestärke
2 EL gehackte Petersilie

In einem großen Topf 4 Eßlöffel Öl erhitzen und die Zwiebeln und den Sellerie darin bei mittlerer Hitze 3 – 4 Minuten andünsten. Den Knoblauch dazugeben und 1 – 2 Minuten mitdünsten. Die Aalstücke und die Lorbeerblätter dazugeben, mit dem Fischfond bzw. dem Wasser auffüllen und mit Salz und Pfeffer würzen. Das Ganze aufkochen und im geschlossenen Topf bei mittlerer Hitze etwa 45 Minuten köcheln lassen.

Den Reis einrühren, die Suppe erneut aufkochen und im geschlossenen Topf weitere 12 – 15 Minuten köcheln lassen, bis der Reis gar ist.
Den Aal aus der Suppe nehmen. Die Gräten herauslösen und das Fleisch wieder in den Topf geben.

Die Eier mit dem Zitronensaft verquirlen. Die Speisestärke mit 2 Eßlöffel Wasser zu einer glatten Paste verrühren und mit den verquirlten Eiern und etwas von der heißen Suppe vermischen. Unter Rühren in die Suppe geben. Die Suppe erhitzen, aber nicht kochen, sonst gerinnen die Eier. Kurz vor dem Servieren die Suppe mit dem restlichen Öl beträufeln und großzügig mit gehackter Petersilie bestreuen.

FRITIERTER FISCH MIT TOMATENSAUCE

Psaria tiganita me saltsa domatas

Was kann ein Name schon sagen? Auf jeden Fall oft mehr als manche Rezeptbeschreibung, das ist sicher. Dieses Gericht steht für die kulinarische Tradition der Fischer von Alonissos. Es schmeckt am besten, wenn es aus fangfrischem Fisch vor einer Fischerhütte am Hafen auf einem einfachen Gaskocher zubereitet wird.

FÜR 4 PERSONEN
4 mittelgroße Makrelen, gewaschen,
geputzt und trockengetupft
Salz
schwarzer Pfeffer
Saft von 2 Zitronen
4 EL Mehl
2 TL getrockneter Oregano
6 EL Olivenöl
2 mittelgroße Zwiebeln, in Scheiben geschnitten
2 Knoblauchzehen, fein gehackt
2 große Tomaten, abgezogen und gehackt
2 EL Tomatenmark
5 EL Rotweinessig
4 – 5 Stengel Petersilie
2 EL gehackte Sellerieblätter

Die Makrelen auf beiden Seiten dreimal tief einschneiden, von innen und außen mit Salz und Pfeffer würzen und in eine flache Schale legen. Den Zitronensaft darüber gießen und den Fisch mindestens 2 Stunden ruhen lassen, während dieser Zeit einmal wenden.

Das Mehl mit Salz, Pfeffer und Oregano mischen und die Makrelen darin wenden. Das Öl in einer großen Pfanne erhitzen und die Fische darin von beiden Seiten bei mittlerer Hitze 4 – 5 Minuten braten. Die Makrelen herausnehmen und beiseite stellen.

Die Zwiebeln in dem Öl leicht bräunen, den Knoblauch dazugeben und 1 – 2 Minuten mitbraten. Die Tomaten, das Tomatenmark und den Essig unterrühren. Die Petersilie, die Sellerieblätter und 0,15 Liter Wasser dazugeben. Das Ganze zum Kochen bringen und in der geschlossenen Pfanne 15 – 20 Minuten köcheln lassen, bis die Sauce etwas eindickt. Die Makrelen wieder in die Pfanne geben, mit der Sauce begießen und in der geschlossenen Pfanne bei schwacher Hitze 10 – 15 Minuten köcheln lassen, bis sie gar sind. Die Petersilie entfernen und die Sauce würzen.

Am besten servieren Sie die Makrelen zusammen mit Salzkartoffeln und grünen Blattsalaten. Ich reiche zu diesem Gericht immer einen Salat aus jungem Spinat oder zarten Löwenzahnblättern, den ich mit Olivenöl und Zitronensaft beträufle.

Der Lorbeerbaum

In der griechischen Mythologie spielt der Lorbeerbaum mit seinen dunkelgrünen, lederartigen und süßduftenden Blättern eine bedeutende Rolle. Er gedeiht in feuchtem, felsigem Gelände, in Dickichten und in der Nähe von Wasserläufen; und es sei hier daran erinnert, daß Daphne, die Tochter des Flußgottes Peneus, sich vor den unwillkommenen Annäherungsversuchen Apollos rettete, indem sie sich in seinen Armen in einen Lorbeerbaum verwandelte. Daraufhin flocht sich der aufrichtige und reuige Apollo aus den Blättern eine Krone und erklärte den Lorbeerbaum für heilig.

Die Griechen der Antike ehrten ihre Dichter, Kriegshelden und die Gewinner der Olympischen und Pythischen Spiele mit Lorbeerkränzen. Heute zeichnet man frisch gebackene Akademiker und Doktoren mit einem Lorbeerkranz aus, der neben den Blättern auch Lorbeeren (baccae) enthält. Daher stammen der französische Ausdruck baccalauréat (Abitur) und der englische Begriff „bachelor“ (baccalaureus, ein akademischer Grad).

Griechische Köche verwenden Lorbeerblätter wie die Köche in den anderen europäischen Ländern – mit ein oder zwei Blättern werden Suppen und Saucen, Eintöpfe und Eingelegtes, salzige Puddings und Pasteten gewürzt – und in vielen Küchen hängt ein Bund Lorbeerblätter, damit das Gewürz immer griffbereit ist.

SCHWEINEKOTELETTS MIT BACKPFLAUMEN

Hirines brizoles me damaskina

Wir standen auf Skopelos bewundernd vor einem Garten, schon kam der Besitzer und bot uns als Zeichen der traditionellen Gastfreundschaft eine eingelegte Pflaume, ein Stück Mandelkuchen und ein Glas *raki* an. Backpflaumen sind das wichtigste Produkt der Insel, wie Sie leicht feststellen können, wenn Sie – was sicher passiert – zu einer Besichtigung der Trockenöfen und der Packhallen eingeladen werden.

Dieses Gericht, eine regionale Spezialität, verbindet die Süße der Pflaume mit dem herzhaften Geschmack von Schweinefleisch.

FÜR 4 PERSONEN

4 Schweinekoteletts, von allem Fett befreit
schwarzer Pfeffer
Salz
2 EL Zitronensaft
2 EL Olivenöl
25 g Butter
0,25 l Rotwein
175 g entsteinte Backpflaumen, eingeweicht

Vielleicht erscheint Ihnen diese Art der Kotelett-Zubereitung etwas ungewöhnlich – das Fleisch wird zunächst gedünstet, dann hellbraun gebraten und anschließend wieder gekocht. Aber das ist typisch griechisch und das Fleisch bleibt so ausgesprochen saftig. Und da die Koteletts in der gleichen Pfanne sowohl gebraten als auch gedünstet werden, muß man auch keine riesigen Geschirrberge fürchten.

Die Koteletts mit Pfeffer und Salz würzen, mit dem Zitronensaft einreiben und etwa 30 Minuten stehen lassen, damit die Gewürze einziehen können. Die Koteletts in eine große Pfanne geben und soviel Wasser angießen, daß die Koteletts etwa bis zur Hälfte im Wasser liegen. Das Ganze zum Kochen bringen und offen bei mittlerer Hitze etwa 10 Minuten köcheln lassen, bis das Wasser verdampft ist.

Das Fleisch herausnehmen und trockentupfen. Die Butter und das Öl in der trockenen Pfanne erhitzen und das Fleisch darin bei mittlerer Hitze von beiden Seiten anbraten, bis es leicht gebräunt ist. Den Wein angießen, das Fleisch mit Pfeffer und Salz würzen und die Backpflaumen hinzufügen. Das Ganze erneut aufkochen und bei mittlerer Hitze 15 – 20 Minuten köcheln lassen, bis die Koteletts gar sind. Die Sauce abschmecken.

Zu diesem nahrhaften und fruchtigen Gericht schmecken Reis und grüner Salat.

GEFÜLLTE AUBERGINEN

Melitzanes yemistes

Zu den beliebtesten und vielseitigsten Gerichten der griechischen Küche zählen die *yemistes* (gefüllte Gemüse), von denen es ebensoviele Variationen wie Tavernen und Köche gibt, die sie zubereiten.

Der Anblick von gefüllten Auberginen, Zucchinis, Tomaten, Artischocken und Salatgurken in der Küche einer Taverne ist für mich ein wahrer Genuß, und immer wieder versuche ich herauszufinden, welche Fleischsorten, Kräuter und Gewürze diese Gerichte so unwiderstehlich machen. Das folgende Rezept stammt von Skiathos.

FÜR 4 PERSONEN
4 große Auberginen
Salz
4 EL Olivenöl
1 mittelgroße Zwiebel, gehackt
2 rote Paprikaschoten, entkernt und gehackt
2 Knoblauchzehen, fein gehackt
350 g Lammhackfleisch
225 g Tomaten aus der Dose, gehackt
2 TL getrockneter Oregano
2 EL frischer, gehackter Koriander (oder Petersilie)
schwarzer Pfeffer
½ TL gemahlener Kreuzkümmel

SAUCE
300 g griechischer Joghurt
2 Eier
Salz
schwarzer Pfeffer
50 g kefalotiri oder ein anderer Hartkäse, gerieben

Die Auberginen waschen, putzen und in einem Topf mit kochendem Salzwasser 5 – 8 Minuten kochen. Herausnehmen, abtropfen und abkühlen lassen. Die Auberginen der Länge nach halbieren und mit einem Teelöffel einen Teil des Fruchtfleischs herauskratzen. Darauf achten, daß die „Wände" nicht zu dünn werden. Das ausgeschabte Fruchtfleisch zerkleinern und beiseite stellen. Die Auberginenhälften mit der Schnittfläche nach oben in eine flache Auflaufform legen.

Das Öl in einer Pfanne erhitzen, die Zwiebeln und die Paprikaschoten darin bei mittlerer Hitze 3 – 4 Minuten dünsten. Den Knoblauch dazugeben und 1 – 2 Minuten mitdünsten. Das Lammhackfleisch darunterrühren und alles 5 – 6 Minuten schmoren lassen, bis das Fleisch gleichmäßig gebräunt ist. Das zerkleinerte Auberginenfleisch, die Tomaten, den Oregano und den gehackten Koriander oder die Petersilie dazugeben und mit Pfeffer, Salz und Kreuzkümmel würzen. Das Ganze bei mittlerer Hitze schmoren lassen, bis fast alle Flüssigkeit verdampft ist und eine dicke Paste entsteht. Die Auberginenhälften mit dieser Mischung großzügig füllen. Den Backofen auf 190° C vorheizen.

Für die Sauce die Eier mit dem Joghurt verquirlen, mit Pfeffer und Salz würzen und die Hälfte des Käses darunterrühren. Die Mischung über die gefüllten Auberginen gießen und mit dem restlichen Käse bestreuen.

Die Auberginen im Backofen (Mitte) etwa 30 Minuten garen, bis die Oberfläche goldbraun ist und Blasen wirft. Noch heiß servieren.

Oben: Die Feigen von Euböa sind eine Spezialität und zählen zu den kulinarischen Höhepunkten der Herbstsaison. Unten: Die wellenförmige Küstenlinie von Alonissos. Rechts: Gefüllte Auberginen.

HUHN MIT ZIMT

Kotopoulo me kanella

Die Fähre von Kimi auf Euböa erreichte Skyros am späten Abend, und in dem alten klapprigen Bus, der über die halbe Insel fuhr, wurden wir auf unserem Weg nach Chora gründlich durchgeschüttelt. Als wir endlich ankamen, umfing uns der Zauber dieses alten Gebirgsdorfes, und jegliches Hungergefühl war verschwunden.

Schließlich gaben wir aber doch der freundlichen Einladung einer kleinen Straßentaverne nach und bestellten das folgende Gericht.

FÜR 4 PERSONEN

1 Huhn von etwa 1,5 kg, küchenfertig zubereitet
schwarzer Pfeffer
2 TL getrockneter Oregano
5 EL Olivenöl
25 g Butter
2 mittelgroße Zwiebeln, gehackt
2 Knoblauchzehen, fein gehackt
450 g Tomaten aus der Dose, gehackt
2 EL Tomatenmark
0,1 l Rotwein
Salz
1 Zimtstange
225 g kitharaki oder eine andere Nudelsorte
75 g kefalotiri oder ein anderer Hartkäse, gerieben

Das Huhn in acht Portionen teilen, waschen und mit Küchenpapier trockentupfen, mit Pfeffer und Oregano würzen.

Das Öl und die Butter in einer großen Pfanne erhitzen und die Hühnerteile darin bei mittlerer Hitze etwa 6 Minuten von allen Seiten gleichmäßig anbraten. Die Hühnerteile herausnehmen und beiseite stellen.

Die Zwiebeln in die Pfanne geben und glasig dünsten, den Knoblauch dazugeben und 1 – 2 Minuten mitdünsten. Die Tomaten, das Tomatenmark und den Wein hinzufügen, alles mit Pfeffer und Salz würzen und die Zimtstange ebenfalls in die Pfanne geben. Die Hühnerteile in die Sauce geben, aufkochen und die Sauce über das Fleisch löffeln. Das Ganze in der geschlossenen Pfanne bei schwacher Hitze 45 – 55 Minuten leise köcheln lassen, währenddessen die Hühnerteile in der Sauce ein- oder zweimal wenden. So können Sie prüfen, ob das Fleisch gar ist: Stechen Sie an einer dicken Stelle mit einem Bratenspieß ein. Ist der austretende Saft klar, und nicht rosafarben, dann ist das Fleisch gar. Die Sauce abschmecken und die Zimtstange entfernen.

Während das Huhn schmort, die Nudeln in einem großen Topf mit kochendem Salzwasser 10 – 12 Minuten kochen. Die Nudeln in ein Sieb abgießen und unter fließendem, kaltem Wasser abschrecken. Abtropfen lassen und in einer vorgewärmten Schüssel mit dem geriebenen Käse vermischen.

Die Nudeln am Rand einer vorgewärmten Platte anrichten und die Hühnerteile mit der würzigen Sauce in die Mitte der Platte geben. Dazu paßt ein grüner Salat.

PUDDINGTÖRTCHEN

Bougatses

In meiner Erinnerung sind *bougatses* und die Insel Skyros untrennbar miteinander verbunden. Wir kauften unsere *bougatses* jeden Morgen bei einem Bäcker, der nicht nur das knusprige Gebäck, sondern auch alle in unmittelbarer Nähe stehenden Kunden in eine Wolke aus Puderzucker und Zimt hüllte. Dann gingen wir mit unseren Törtchen ins nächste *kafenion*, bestellten einen Kaffee und ließen die Welt an uns vorüberziehen.

FÜR ETWA 10 STÜCK

400 g Filloteig (Grundrezept siehe Seite 121)
etwa 75 g Butter, zerlassen
feiner Puderzucker zum Bestäuben
Zimt zum Bestäuben

FÜLLUNG

0,9 l Milch oder halb Milch und halb Sahne
1 dünner Streifen Schale einer unbehandelten Zitrone
115 g feiner Weizengrieß
175 g Vanillezucker (siehe Zubereitung)
3 Eier
1 ½ TL Vanille-Extrakt

Die Füllung können Sie schon am Vortag vorbereiten. Die Milch oder die Milch-Sahne-Mischung mit der Zitronenschale in einem kleinen Topf zum Kochen bringen. Den Weizengrieß dazugeben, kräftig durchrühren und die Mischung unter ständigem Rühren bei schwacher Hitze eindicken lassen. Den Zucker mit den Eiern schaumig rühren. (Am besten verwenden Sie Zucker, den Sie mit einer aufgeschnittenen Vanilleschote aromatisiert haben. Das dauert einige Tage.) Die Eimasse unter Rühren in die Milch gießen und das Ganze bei schwacher Hitze so stark eindicken lassen, daß man mit einem Holzlöffel in der Creme eine Spur ziehen kann. Das Vanille-Extrakt dazugeben und die Zitronenschale entfernen. Die Creme abkühlen lassen, dabei die Oberfläche mit angefeuchtetem Butterbrotpapier bedecken, damit sich keine Haut bildet.

Wenn Sie die Törtchen herstellen, sollten Sie zügig arbeiten und den restlichen Teig mit einem feuchten Tuch abdecken (siehe Seite 121). Mit Hilfe einer großen Untertasse oder eines Desserttellers gleich mehrere Lagen Teig ausschneiden. Sie können die Teigreste für eine kleine Spinat- oder Käsepastete verwenden. Meine Familie nennt diese Exemplare immer „Mutters Wunderpasteten".

Für das erste Törtchen sechs Kreise ausschneiden, den restlichen Teig mit einem feuchten Tuch bedecken. Jeden Kreis mit der zerlassenen Butter bestreichen (die in einem Topf bei schwacher Hitze flüssig gehalten werden sollte), dabei besonders auf die Ränder achten, und die Teigkreise übereinander legen.

In die Mitte der übereinandergelegten Teigkreise 2 gehäufte Eßlöffel Creme geben und eine Teighälfte darüberklappen. Das halbkreisförmige Törtchen an den Rändern fest zusammendrücken und von beiden Seiten mit Butter bestreichen.

Die restlichen Törtchen ebenso herstellen, bis der Teig und die Creme verbraucht sind. Den Backofen auf 180° C vorheizen.

Die Törtchen auf ein gut gefettetes Backblech legen und im Backofen (Mitte) etwa 25 Minuten goldbraun backen. Sie können die Törtchen nach der Hälfte der Backzeit einmal wenden.

Die Puddingtörtchen großzügig mit Puderzucker und Zimt bestäuben und warm servieren. Man kann die Törtchen auch hervorragend aufwärmen.

Feigen

So sehr es mich im Frühling, vor allem wegen der herrlichen Blütenpracht auf die griechischen Inseln zieht, so sehr lohnt auch der Spätsommer eine Reise dorthin, wenn die Feigen nach einem langen, heißen Sommer an den Bäumen reifen.

Manchmal helfe ich den Bauern beim Ernten der leuchtenden, grüngestreiften oder dunkelroten, noch sonnenwarmen Feigen; oder eine Bäuerin bietet mir auf einem Spaziergang eine der herrlichen Früchte an, die sie in ihrer Schürze gesammelt hat. In Sparta auf dem Peloponnes gelang es mir einmal sogar, einen ganzen Beutel himmlisch duftender Feigen gegen einen Supermarkt-Obstkuchen (aus dem Lunchpaket eines Kreuzfahrtschiffs) einzutauschen. Seltsamerweise waren alle an diesem Geschäft Beteiligten höchst zufrieden.

In manchen Gegenden der Insel reicht man Ihnen als Zeichen der Gastfreundschaft klebrig-süße Feigen, *siko gliko,* mit einer Tasse Kaffee und einem Glas Wasser – eine alte Sitte, vergleichbar mit der japanischen Teezeremonie.

Auf Euböa sind Feigen der Höhepunkt der Obstsaison – aber man bietet sie weder frisch noch eingelegt an, sondern läßt die hellen, honiggelben Feigen ein wenig trocknen und verpackt sie in kleine durchsichtige Schachteln, ein schönes Mitbringsel für Freunde und Verwandte. Auf Seite 109 finden Sie ein Rezept aus Euböa, in dem ich Ihnen mehr über diese köstlichen Früchte verrate.

Auf den Märkten von Korfu werden getrocknete, dunkelbraune, leicht gepfefferte und in Weinblätter gewickelte Feigen angeboten - eine erstaunlich schmackhafte Kombination. Sie stapeln sich auf den Marktständen: kleine runde, mit einer Kordel verschnürte Päckchen, von denen ich immer einige für die Weihnachtszeit mit nach Hause nehme.

Aber für eine echte Feigentorte – *sikopitta* – benötigt man Feigen, die – wie Lawrence Durell es seine Romanfigur Zarian ausdrücken ließ – „im Herbst vor Reife aufplatzen". Meines Erachtens ein ausreichender Grund für einen Herbsturlaub auf den griechischen Inseln!

SPINATPITTA

Spanakopitta

Ich verstehe gut, daß einige Menschen griechische Käse- oder Gemüsepittas nicht sehr schätzen, wenn sie bisher nur solche kennengelernt haben, die hauptsächlich aus Teig bestanden und kaum Füllung enthielten – eine Karikatur der echten Pitta.

Aber versuchen Sie doch einmal dieses Rezept von der Insel Alonissos. Dort wird die Pitta allerdings nicht mit Spinat sondern mit wildem Blattgemüse zubereitet.

FÜR 6 PERSONEN
400 g Filloteig (Grundrezept siehe Seite 121)
etwa 75 g Butter, zerlassen

FÜLLUNG
4 EL Olivenöl
8 Frühlingszwiebeln, geputzt und in dünne Scheiben geschnitten
1 kg Spinat, gewaschen und verlesen, oder wildes Blattgemüse
4 EL gehackte glatte Petersilie
225 g feta-Käse, gerieben
4 Eier
4 EL Crème double
schwarzer Pfeffer

Für die Füllung das Öl in einer großen Pfanne erhitzen und die Frühlingszwiebeln darin 3 – 4 Minuten bei mittlerer Hitze anbraten. Die Spinatblätter oder das Blattgemüse von den groben Stielen befreien, zerkleinern, zu den Frühlingszwiebeln geben und in der geschlossenen Pfanne bei schwacher Hitze etwa 5 Minuten leise köcheln lassen. Dabei gelegentlich umrühren.

Die Gemüse mit einem Schaumlöffel herausnehmen, die Flüssigkeit ausdrücken und die Gemüse in einer Schüssel abkühlen lassen. Mit der gehackten Petersilie, dem Käse, den verquirlten Eiern und der Crème double vermischen und mit Pfeffer würzen.

Ein Backblech mit zerlassener Butter bestreichen. Ich nehme ein *pastitsio*-Blech, das 25 x 18 x 7,5 cm mißt. Bei der Verarbeitung des Filloteigs beachten Sie bitte die Tips auf Seite 121. Das Backblech mit der ersten Teigplatte belegen; dabei den Teig sorgfältig in die Ecken des Blechs drücken. Die Teigplatte mit zerlassener Butter bestreichen (die in einem Topf bei schwacher Hitze flüssig gehalten werden sollte), die zweite Teigplatte darauf legen. Auf diese Weise acht Blätterteigplatten übereinanderschichten. Den Backofen auf 180° C vorheizen.

Seite 106/107: Eine stille, blumenumsäumte Bucht auf Skopelos.

Die erkaltete Füllung gleichmäßig auf dem Filloteig verteilen, mit einer Filloteigplatte bedecken, diese wieder mit Butter bestreichen. Auf diese Weise weitere sieben Teigplatten über die Füllung schichten. Den Teig an den Rändern des Backblechs festdrücken und die oberste Schicht mit zerlassener Butter bestreichen. Die beiden obersten Teigplatten mit einem Messer in Portionsstücke schneiden und mit etwas Wasser besprenkeln, damit sich der Teig nicht aufrollt.

Die Pitta im Backofen (Mitte) 45 – 50 Minuten backen, bis sie knusprig und goldbraun ist. Noch heiß servieren, obwohl viele Genießer sie auch kalt lieben.

OSTERBROT

Tsoureki

Auf Skyros mieteten wir über Ostern ein zauberhaftes altes Häuschen. Dieses architektonische Kleinod bestand aus einem einzigen keilförmigen Raum und wir fanden es erst nach langem Suchen in einem unüberschaubaren Straßengewirr direkt neben einer imposanten blau-weißen Kapelle.

Jeden Abend saßen wir vor unserem Häuschen auf der Straße, plauderten mit unseren Nachbarn, köpften mit ihnen unsere *kokkina avga* (rotgefärbte Ostereier) oder teilten das traditionelle Osterbrot, *tsoureki.*

FÜR 1 OSTERBROT VON 750 GRAMM
75 g weiche Butter
100 g Zucker
2 Eier
1 EL (1 Tütchen) Trockenhefe
abgeriebene Schale von 1 unbehandelten Orange
450 g stärkereiches Mehl (Wiener Griessler)
3 EL lauwarmes Wasser
0,15 l lauwarme Milch
Öl zum Bestreichen
3 harte, rotgefärbte Eier (siehe Hinweis)
1 Eiweiß, steif geschlagen
2 EL abgezogene, halbierte Mandeln

Die Butter mit der Hälfte des Zuckers in einer großen Schüssel schaumig rühren. Die Eier nacheinander dazugeben. Die Hefe, die Orangenschale und den restlichen Zucker mit dem Mehl mischen und das Wasser mit der Milch verrühren. Abwechselnd das Mehl und die Flüssigkeit unter ständigem Rühren in die Eiermasse geben. Alle Zutaten zu einem glatten, geschmeidigen Teig verkneten.

Den Teig in eine eingeölte Schüssel geben, mit einem Tuch bedecken und an einem warmen Ort 1 Stunde gehen lassen, bis der Teig sein Volumen verdoppelt hat.

Auf einer leicht bemehlten Arbeitsfläche den Teig nochmals durchkneten.

Den Teig in drei gleich große Stücke teilen und diese zu langen Rollen formen. Die Teigrollen an den Enden zusammenpressen und zu einem Zopf flechten. Die roten Eier in gleichmäßigen Abständen zwischen die Stränge setzen. Die Zopfenden fest zusammendrücken. Den Zopf auf ein gut gefettetes Backblech legen. An einem warmen Ort zugedeckt nochmals 1 – 1½ Stunden gehen lassen. Den Backofen auf 200° C vorheizen.

Den Zopf mit dem geschlagenen Eiweiß bestreichen und mit den Mandelhälften bestreuen.

Das Osterbrot im Backofen (Mitte) 30 – 35 Minuten goldbraun backen. Der Zopf sollte hohl klingen, wenn man mit einem Löffel von unten dagegen klopft. Den Zopf herausnehmen und auf einem Kuchengitter vollständig auskühlen lassen.

Sie können auch mehrere kleine Brote flechten, sie S-förmig arrangieren und je ein Ei in die S-Bögen legen oder einen langen Teigstrang mehrmals um ein Ei herumwickeln.

Zu diesem Osterbrot schmecken frischer *mizithra* (Ziegenkäse) und Honig.

In Griechenland sind die rotgefärbten Ostereier schon Wochen vor Ostern an jedem Kiosk und in jedem Geschäft erhältlich. Sie können die Eier auch in Wasser kochen, das Sie mit ein paar Tropfen roter Lebensmittelfarbe färben. Verwenden Sie auf keinen Fall Farben, die nicht zum Verzehr geeignet sind.

FEIGEN MIT WALNÜSSEN

Sika ke karidia se siropi

Im Herbst sind sämtliche Geschäfte und Straßenstände Euböas überladen mit getrockneten, honigfarbenen Feigen, die in Schachteln bis zur Decke gestapelt werden. Diese runden und unglaublich saftigen Feigen schmecken besser als jede andere, mir bekannte Sorte und sie sind ein ideales Mitbringsel für Freunde und Verwandte. Man kann sie einfach nur so genießen, aber auf den Inseln läßt man die Feigen eine Zeitlang in Honig und Gewürzen köcheln und serviert sie als süßen Happen zu Kaffee und Eiswasser.

FÜR 10 PERSONEN

450 g getrocknete oder halbgetrocknete Feigen (siehe Zubereitung)
175 g geschälte Walnüsse
5 EL Honig
1 TL Zimt

Bei diesem Gericht ist die Qualität der verwendeten Feigen von entscheidender Bedeutung. Die bei uns oft erhältlichen, zähen und mit einer Zuckerkruste überzogenen Feigen sind für dieses Rezept ungeeignet. Falls Sie keine Euböa-Feigen bekommen können, finden Sie vielleicht in Ihrem Reformhaus oder Naturkostgeschäft die halbgetrockneten, klebrigen Feigen, die meine Großmutter als „lecker" bezeichnete.

In Ochthonia auf Euböa begegnete ich diesem Dessert zum ersten Mal: mehrere Kilo Feigen waren kreisförmig in einer riesigen Aluminiumpfanne angeordnet. Sie wurden gerade beim Bäcker abgeholt, wo sie den Morgen über gebacken worden waren.

Die Feigen mit einem Messer einritzen, aber nicht völlig durchschneiden und eine Walnuß in die entstandene Öffnung geben. Die Feigen wieder fest zusammendrücken und auf einem Backblech verteilen, das gerade groß genug für alle Feigen ist. Den Backofen auf 180° C vorheizen.

Den Honig mit dem Zimt in einen kleinen Topf geben und bei schwacher Hitze flüssig werden lassen. 0,25 l Wasser – oder Weißwein – langsam darunterrühren und zum Kochen bringen. Den Sirup über die Feigen gießen und das Ganze im Backofen (Mitte) 30 – 35 Minuten backen, bis die Feigen alle Flüssigkeit aufgenommen haben. Die Feigen auf dem Backblech abkühlen lassen.

Sie können diese Feigen zwar in einer luftdicht verschlossenen Dose im Kühlschrank aufbewahren, aber warm schmecken sie natürlich am besten. Wenn Sie sie verschenken wollen, wickeln Sie die Feigen am besten in Butterbrotpapier und verpacken sie in kleine Schachteln.

KAPITEL 7

Korfu und die Ionischen Inseln

Korfu, wohl die beliebteste der griechischen Inseln, steckt voller Widersprüche und wohlgehüteter Geheimnisse. In den geschäftigen Ferienorten können Sie sehr schnell den Eindruck gewinnen, das wahre Korfu, das Lawrence Durell so liebte, hätte sich total dem Tourismus ergeben. Aber wenn Sie sich nur ein paar Minuten mit dem Wagen, dem Fahrrad oder zu Fuß von den Urlaubsorten entfernen, gelangen Sie bald zu kleinen abgelegenen und liebenswerten Dörfern, die sich ihren urtümlichen, unverbrauchten Charme erhalten haben.

Korfu werde ich wohl mein Leben lang mit Festen und Feierlichkeiten in Verbindung bringen, da wir hier viele unvergeßliche Osterfeiertage bei unseren Freunden verbringen durften. Wir teilten mit ihnen die fleischlosen Fastenmahlzeiten, besuchten gemeinsam die Karfreitagsmesse im Kloster und aßen in einem Olivenhain am Meer Ziegenfleisch vom Spieß. Mehr über dieses bewegende und wohl wichtigste Fest der griechisch-orthodoxen Kirche erfahren Sie auf den Seiten 127 und 128.

Auch die Dorfhochzeiten sind ein ganz besonderes Ereignis. So saßen wir beispielsweise in einem *kafenion* in Liapades und genossen einen Kaffee und ein Käsetörtchen, als sich vor unseren Augen ein romantisches Zeremoniell abspielte. Drei Musiker kamen tanzend den Hügel herauf und geleiteten den Bräutigam und sein Gefolge mit einer fröhlichen Melodie zur Kirche. Dann kehrten sie um und holten die Braut, ihre Familie und ihre Freunde. Die Brautjungfern trugen einen Blütenbaldachin und verteilten gebrannte Mandeln an die Umstehenden.

In Valanion, einem Dorf in den Hügeln, an dem sowohl die Zeit als auch der Tourismus vorbeigegangen zu sein scheinen, kann man auf eine Hochzeitsgesellschaft treffen, die mitten auf dem Marktplatz feiert. Die auf einfache Holzböcke gestellten Tischplatten sind beladen mit Salaten, Schüsseln mit *moustalevria* – einem Dessert aus würzigem Traubensaft und Weizengrieß – und zahlreichen Weinkrügen. Daneben drehen sich Lammbraten am Spieß und in der Mitte des Platzes befindet sich das Podium für die Musiker.

Nach dem Mahl beginnt eine Gruppe junger Männer in schwarzen Kniebundhosen und Westen einen

Links: Mit den ausgebreiteten Netzen kann auf Korfu jede einzelne kostbare Olive aufgefangen werden. Unten: Voller Stolz präsentiert diese Großmutter, yia-yia, ihre Milchtorte, galaktoboureko; Rezept auf Seite 120.

ausgelassenen Volkstanz, bis der Bräutigam seine Braut und die gesamte Hochzeitsgesellschaft – einschließlich aller Zuschauer – zum traditionellen Hochzeitstanz führt. Dieses Erlebnis wird man so schnell nicht vergessen.

Auf Paxi das von Korfu aus in einer kurzen, aber meist unruhigen Überfahrt zu erreichen ist, wird alljährlich am 15. August (Mariä Himmelfahrt) ein großes Fest veranstaltet, bei dem die Inselbewohner nach der Wallfahrt bis tief in die Nacht feiern. Die Insel ist übersät von wildwachsenden Blumen und bekannt für ihre Oliven, Weine und ihr Wild.

Weiter südlich liegt Lefkas, das mit dem Festland durch eine Brücke verbunden ist. Zitronenbäume säumen seine Küstenstraße, Fischerhäuser auf Pfählen spenden den darunterliegenden Cafés Schatten und überall glitzern feine Salzkristalle in der Sonne. Denn die Salzgewinnung zählt zu den wichtigsten Erwerbszweigen der Insel. Selbst das kleinste Fleckchen Land scheint noch mit Weinreben, Oliven-, Mandel- und Orangenbäumen oder Saubohnen bepflanzt zu sein. Ein Mann kommt mit einem Puter unter jedem Arm dahergeschlendert, mehrere Frauen und Männer sitzen vor ihrer Tür auf messingbeschlagenen Eselsätteln und halten ein kleines Schwätzchen.

Ich habe sie zwar nicht alle gezählt, aber auf Kephallinia soll es 365 Dörfer geben, in denen Sie garantiert eine der regionalen Spezialitäten angeboten bekommen: Nougat, Honig, Pralinen, Quittenpaste, Honigkuchen, weichen Ziegenkäse und weißen Robola-Wein.

Ithaka ist als Odysseus' Trauminsel zwar berühmt, aber nicht reich geworden und besitzt zahlreiche, noch ursprüngliche Dörfer inmitten von Weinfeldern und Olivenhainen.

Zakynthos – auch Zante genannt – das vor der Küste des Peloponnes liegt, erhielt den bezeichnenden Beinamen „Blume des Orients". Die Insel ist seit Jahrhunderten für ihre Rosinen und Korinthen bekannt, bietet heute aber auch andere Spezialitäten – wie Sesamgebäck und *mandalato*, eine Nougatsorte. Und wenn man sich in der Abenddämmerung am Strand ganz besonders ruhig verhält, kommt man vielleicht in den Genuß, die riesigen Meeresschildkröten zu beobachten, die sich mühsam aus dem Meer an den Strand schleppen und ihre Eier im warmen Sand vergraben.

* * *

KICHERERBSENPÜREE

Hummus

Die Westküste von Lefkas ist dem Meer zugewandt und ihre Oliven- und Birnenhaine, die terrassenförmig angelegten Weinberge, thymianübersäten Böschungen, ihre bunten Blumenwiesen und die blau-grün gestreiften Bienenhäuser sind von nahezu unbeschreiblicher Schönheit.

Mitten in dieser Landschaft stand eine alte Frau in ihrer dunkelbraunen Inseltracht an einem wackligen Gartentisch, zerstampfte in ihrem Mörser gekochte Kichererbsen und bereitete daraus diese traditionelle *meze* (Vorspeise).

FÜR 6 PERSONEN

225 g Kichererbsen, über Nacht eingeweicht und abgetropft
3 Knoblauchzehen, zerdrückt
4 EL Olivenöl
Saft von 2 Zitronen
225 g tahini *(Sesampaste)*
Salz
schwarzer Pfeffer
¼ - ½ TL gemahlener Kreuzkümmel
1 EL gehackte glatte Petersilie
Zitronenspalten zum Garnieren
Pitta-Brot
Olivenöl zum Beträufeln

Die Kichererbsen in einem großen Topf mit ungesalzenem Wasser bei mittlerer Hitze 1 – 1¼ Stunden weich kochen. Die genaue Kochzeit hängt vom Alter und der Qualität der Kichererbsen ab. Die Erbsen in einem Sieb abtropfen lassen, einige als Verzierung beiseite legen und die restlichen Kichererbsen zusammen mit dem Knoblauch, dem Olivenöl, dem Zitronensaft und der *tahini* im Mixer pürieren. 0,15 Liter Wasser dazugeben und alles zu einer weichen Paste verrühren. (Möglicherweise können nicht alle Kichererbsen gleichzeitig im Mixer verarbeitet werden.) Ist das Püree zu steif, eventuell noch etwas Wasser hinzufügen. Mit Salz, Pfeffer und Kreuzkümmel würzen.

Das Püree in eine Schüssel geben und mit etwas Olivenöl beträufeln, bis die Oberfläche leicht glänzt. Die gehackte Petersilie darüber streuen und mit den beiseite gelegten Kichererbsen garnieren, mit Zitronenspalten und warmem Pitta-Brot servieren.

GEGRILLTER FISCH MIT KNOBLAUCHSAUCE

Psari me skordalia ke amigdala

Nach einer anstrengenden Fahrt zur Insel Lefkas bestellten wir in Vasiliki in einer winzigen Taverne einen Tisch – tatsächlich gab es insgesamt nur zwei

Tische – und begaben uns erst einmal auf die Suche nach einem Zimmer.

Als wir zurückkehrten, stand das Essen bereits fertig auf dem Tisch – ein *ouzo* als Begrüßungstrunk und gegrillte *svirida*-Fischfilets, eine regionale Spezialität. Dazu gab es eine würzig-cremige Knoblauchsauce mit Mandeln, zart gegartes Blattgemüse, und Scheiben von krümeligem *feta*-Käse, Berge schwarzer Oliven und einen kräftigen „Santa Mavra"-Wein. Und das Ganze zu einem Preis, für den wir zuhause nur einen kleinen Imbiss bekommen hätten.

FÜR 4 PERSONEN
4 Fischfilets (z. B. Heil- oder Steinbutt), à 175 – 200 g
Salz
schwarzer Pfeffer
Öl zum Bestreichen
Saft von 1 Zitrone
1 EL getrockneter Thymian
12 Lorbeerblätter
4 EL gehackte glatte Petersilie
2 mittelgroße Zwiebeln, in dünne Ringe geschnitten
Zitronenspalten zum Garnieren

SAUCE
1 große Kartoffel, etwa 175 g
Salz
175 g grob gemahlene Mandeln oder Walnüsse
8 Knoblauchzehen, zerdrückt
Saft von 1 Zitrone
0,2 l Olivenöl

Für die Sauce – eine Variante der *skordalia* – die Kartoffel in kochendem Salzwasser garkochen. Die Kartoffel mit einer Gabel zerdrücken und die gemahlenen Mandeln oder Walnüsse und den zerdrückten Knoblauch unter den Kartoffelbrei rühren. Den Zitronensaft und das Öl unter ständigem Rühren dazugeben, anfangs nur tropfenweise, später dann in einem dünnen Strahl, wie bei der Herstellung einer Mayonnaise. Die Schüssel mit einem Teller bedecken und die Sauce mindestens 1 Stunde ruhen lassen, damit die Gewürze ihren Geschmack voll entfalten können.

Den Grill auf stärkster Stufe vorheizen. Die Fischfilets auf beiden Seiten salzen und pfeffern und eine Seite großzügig mit Öl bestreichen. Diese Seite mit der Hälfte des Zitronensaftes beträufeln und der Hälfte des Thymians bestreuen. Den Grillrost mit Lorbeerblättern bedecken und den Fisch mit der gewürzten Seite nach oben darauflegen.

Die Temperatur auf die mittlere Stufe stellen und den Fisch etwa 4 – 5 Minuten grillen. Das Fischfilet wenden, die zweite Seite mit Öl, Zitronensaft und Thymian würzen. Den Fisch grillen, bis er gar ist, das Fleisch aber noch fest ist – der Fisch sollte sich mit einer Gabel leicht zerlegen lassen.

Eine vorgewärmte Platte oder einzelne Teller mit der gehackten Petersilie und den Zwiebelringen bedecken und die Fischfilets darauf anrichten. Mit Zitronenspalten garnieren. Die Knoblauchsauce separat dazu reichen.

Ein absolutes Muß sind Unmengen von frischem Landbrot.

Salbei

Salbei gehört zu den immergrünen Halbsträuchern und wurde schon vom Heilkundler Theophrastos als Gewürz- und Heilpflanze erwähnt. Auch die Römer schätzten die verschiedenen Eigenschaften des Salbei, dessen wissenschaftlicher Name sich vom Lateinischen salvus – gesund, heil – ableitet.

Seit Jahrhunderten dienen Salbeiblätter und das daraus gewonnene Öl zur Behandlung von Nervenleiden sowie Haut- und Atemwegserkrankungen und als Desinfektionsmittel. Meine eigene Erfahrung mit der Heilpflanze beschränkt sich auf den Genuß einer Tasse Salbeitees, der extra für uns zubereitet worden war, denn schließlich hatte „der Winter begonnen". Im Vergleich dazu empfand ich die auf dem Boden verstreuten, duftenden Salbeiblätter und -blüten in einer Kapelle auf Amorgos als ausgesprochen wohltuend.

Auf den Kykladen lernte ich den Salbei jedoch wirklich zu schätzen, als der Besitzer einer kleinen Taverne außerordentlich scharfe Würste servierte, die je zur Hälfte aus Schweinefleisch und Salbei zu bestehen schienen.

Die Früchte, oder genauer die Galläpfel der Salvia pomifera, einer weniger intensiv schmeckenden Salbeivarietät, werden manchmal den Kindern gegeben, um den Durst zu löschen und am ersten Mai – *protomaya* – als kandierte Süßigkeit gegessen.

FISCHSPIESSCHEN

Souvlakia psariou

Fischspießchen sind so griechisch wie die blauen und roten Fischerboote in den Häfen und sie können „allen alles sein". [1. Korinther IX, 22. Anm. d. Übers.] Vielleicht wollen Sie für Ihre Fischspießchen nichts außer saftigen, schmackhaften Fischstücken verwenden; Sie können die Fischspießchen aber auch mit kleinen Zwiebelchen, Tomaten, Paprikastreifen, jungen Pilzen und sogar mit saftigen Zucchinischeiben anrichten.

FÜR 6 PERSONEN
1 kg Fischfilet (z.B. Dorsch oder Schellfisch) gehäutet
2 Zucchini, in 2,5 cm dicke Scheiben geschnitten
100 g kleine Pilze, geputzt
1 grüne Paprikaschote, entkernt und in 4 cm große Würfel geschnitten
6 kleine Lorbeerblätter
Zitronenspalten zum Garnieren

MARINADE
8 EL Olivenöl
2 EL klarer Honig
Saft von 2 Zitronen
2 Lorbeerblätter, zerrieben
Salz
schwarzer Pfeffer
1 EL gehackte Petersilie

Die Zutaten für die Marinade in einer flachen Schüssel miteinander verrühren.

Den Fisch waschen, trockentupfen und in 3 – 4 cm große Würfel schneiden. Den Fisch in die Marinade geben und darin wenden. Die Schüssel mit einem Teller abdecken und den Fisch mindestens 2 Stunden ruhen lassen; in dieser Zeit ein- oder zweimal umrühren.

Den Fisch, die Zucchini, die Pilze, die Paprikawürfel und die Lorbeerblätter abwechselnd auf sechs eingeölte Spieße stecken und mit der restlichen Marinade bestreichen.

Den Grillrost mit Öl bestreichen und den Grill auf höchster Stufe vorheizen. Die Fischspieße auf den Grill legen, die Temperatur auf die mittlere Stufe reduzieren und die Spieße 5 Minuten grillen. Mit der restlichen Marinade begießen, die Spieße umdrehen und weitere 4 – 5 Minuten grillen, bis der Fisch gar, aber noch fest ist – er sollte sich mit einer Gabel leicht zerlegen lassen.

Rechts: Fischspießchen.

LAMMKEULE MIT NUDELN

Yiouvetsi

Wir saßen auf Kephallinia auf der Terrasse einer verwitterten Hütte und unterhielten uns mit drei freundlichen älteren Damen und aus dem Innern des Hauses drangen die verlockensten Düfte.

Nach einiger Zeit baten die Schwestern uns in ihr Wohnzimmer, um uns ihre neueste Errungenschaft zu zeigen – einen Elektroherd. Da stand er nun, in all seiner Schönheit und gut geschützt von einer handgearbeiteten Spitzendecke, auf der ein Strauß bunter Wiesenblumen stand. Aber gekocht wurde – wie seit Generationen – über einem Holzfeuer in der Ecke des Zimmers, wo in einem Aluminiumtopf das traditionelle Frühlingsgericht *yiouvetsi* bereits kräftig brutzelte.

FÜR 6 PERSONEN
1 Lammkeule von etwa 2 kg
2 Knoblauchzehen, längs in dünne Scheiben geschnitten
Salz
schwarzer Pfeffer
2 TL getrockneter Oregano
4 EL Olivenöl
450 g Tomaten aus der Dose, gehackt
225 g krithараki oder eine andere Nudelsorte
0,3 l kochendes Wasser
2 EL frischer, gehackter Oregano (oder Minze)
50 g kefalotiri oder ein anderer Hartkäse, gerieben

Den Backofen auf 220° C vorheizen. Mit einem Messer kleine Schlitze in die Lammkeule ritzen und die Knoblauchscheiben hineinstecken. Das Fleisch von allen Seiten mit Salz, Pfeffer und dem getrockneten Oregano würzen. Das Öl im Backofen in einer feuerfesten Form erhitzen. Das Fleisch in die Mitte der Form legen, die Tomaten um das Fleisch herum verteilen und das Ganze im Backofen (unten) etwa 45 Minuten schmoren lassen. Das Fleisch nach der Hälfte der Zeit einmal wenden und mit den Tomaten bedecken.

Während das Fleisch gart, die Nudeln in sprudelndem Salzwasser 3 Minuten kochen. In ein Sieb abgießen und mit kaltem Wasser abschrecken. 0,3 Liter kochendes Wasser zum Fleisch geben, die Nudeln ebenfalls dazugeben und das Ganze gut durchrühren.

Die Backofentemperatur auf 190°C verringern und die Lammkeule weitere 45 – 60 Minuten garen lassen, je nachdem, ob Sie das Fleisch lieber etwas blutig oder gut durchgebraten vorziehen.

Die Nudeln gelegentlich umrühren, damit sie nicht zusammenkleben und das Fleisch noch einmal wenden.

Die Lammkeule auf eine vorgewärmte Platte legen. Die Nudel-Tomaten-Mischung würzen und den frischen, gehackten Oregano darunterrühren. Die Nudeln um das Fleisch herum verteilen und mit geriebenem Käse bestreuen.

RINDFLEISCH-STIFADO

Stifado

Eines Tages, wir hatten uns auf Korfu mit einem nicht sehr PS-starken Motorroller in die Berge gewagt, unterwegs in einem abgeschiedenen Dorf einer alten Dame beim Holzsammeln geholfen und die ehrfurchterweckenden, schneebedeckten Bergspitzen des benachbarten Albanien bestaunt, kauften wir fröstelnd ein Paket Linsen, denn bei diesem Wetter schien uns eine herzhafte Suppe genau das richtige zu sein.

Stellen Sie sich unsere Dankbarkeit vor, als wir nach Hause kamen und uns unsere Freundin Chrissa mit einem riesigen Topf höllisch scharfem und heißem *stifado* begrüßte.

FÜR 4 – 6 PERSONEN
6 EL Olivenöl
1 kg Suppenfleisch, in Würfel geschnitten
2 mittelgroße Zwiebeln, in Scheiben geschnitten
3 Knoblauchzehen, fein gehackt
4 EL Tomatenmark
0,2 l Rotwein
3 EL Rotweinessig
2 TL Zucker
½ TL Gewürznelken
½ TL Kreuzkümmel
2 Lorbeerblätter
1 Zimtstange
Salz
schwarzer Pfeffer
450 g kleine Zwiebeln oder Schalotten
1 EL Zitronensaft
2 EL frischer, gehackter Koriander (oder Petersilie)

Die Hälfte des Öles in einer feuerfesten Kasserolle erhitzen (Sie können auch einen großen Topf verwenden und die Zutaten später in eine ofenfeste Form geben) und das Fleisch darin bei mittlerer Hitze gleichmäßig bräunen. Möglicherweise müssen Sie das Fleisch portionsweise anbraten. Die Rindfleischwürfel mit einem Schaumlöffel herausnehmen und beiseite stellen.

Das restliche Öl in der Kasserolle erhitzen und die Zwiebeln darin bei mittlerer Hitze glasig dünsten. Den Knoblauch dazugeben und 1 – 2 Minuten mitdünsten. Das Tomatenmark, den Wein, den Essig und den Zucker darunterrühren und das Fleisch wieder in die Kasserolle geben. Die Gewürznelken und den Kreuzkümmel in ein kleines Baumwollsäckchen geben und zusammen mit den Lorbeerblättern und der Zimtstange in die Kasserolle geben. Die Sauce mit Pfeffer und Salz würzen und die Kasserolle mit einem Deckel schließen.

Das *stifado* im Backofen bei 170°C etwa 1½ Stunden schmoren lassen, dabei ein- oder zweimal umrühren.

Die kleinen Zwiebeln in kochendem Salzwasser 1 Minute blanchieren, abtropfen lassen und zu dem *stifado* geben. Das Ganze weitere 1 – 1¼ Stunden schmoren lassen, bis das Fleisch gar ist. Das Gewürzsäckchen, die Lorbeerblätter und die Zimtstange entfernen. Die Sauce mit dem Zitronensaft würzen und nochmals abschmecken. Vor dem Servieren mit dem gehackten Koriander (oder der Petersilie) bestreuen.

HUHN MIT WALNUSSAUCE

Kotopoulo me saltsa karidiou

Meine lebendigsten Erinnerung an Zakynthos – oder Zante, wie die Venezianer die Insel nannten – haben immer mit tanzenden Lichtreflexen zu tun. Zum einen sehe ich ein Kaleidoskop von blauem, grünem und dann wieder silberfarbenem Licht vor mir, wenn die Strahlen der Nachmittagssonne von der Meeresoberfläche reflektiert werden und die zerklüfteten Felswände der Blauen Grotte wie riesige impressionistische Glasfenster erscheinen. Zum anderen erinnere ich mich an das warme Licht einer flackernden Lampe in einem abgelegenen Bauernhaus, wo wir dieses einfache Mahl mit den Bewohnern teilten.

FÜR 4 PERSONEN

2 EL Mehl
Salz
schwarzer Pfeffer
2 TL getrockneter Oregano
4 Hühnerteile, gewaschen und trockengetupft
3 EL Olivenöl
25 g Butter
0,15 l Weißwein
0,15 l Hühnerbrühe
75 g Walnüsse, ohne Schale (siehe Zubereitung)
1 EL frischer, gehackter Koriander
(oder Petersilie)

Das Mehl mit Salz, Pfeffer und Oregano mischen, die Hühnerteile darin wenden.

Das Öl und die Butter in einem großen Topf erhitzen und die Hühnerteile darin bei mittlerer Hitze von beiden Seiten goldbraun anbraten – das dauert insgesamt etwa 10 Minuten.

Den Wein und die Brühe dazugießen und mit Pfeffer und Salz würzen. Die Flüssigkeit mit einem Löffel über die Hühnerteile schöpfen und das Ganze im geschlossenen Topf 55 – 60 Minuten leise köcheln lassen, bis das Fleisch gar ist. Die Hühnerteile während der Garzeit einmal wenden. Wenn Sie das Hühnerfleisch an einer dicken Stelle mit einem Bratenspieß einstechen und der austretende Saft nicht rosafarben, sondern klar ist, dann ist das Fleisch gar.

Mit frischen Walnüssen wird Ihre Sauce zwar unvergleichlich besser schmecken, aber auch getrocknete Walnüsse eignen sich für dieses Gericht. Die Walnüsse entweder in einem Mixer grob mahlen oder mit einem Messer grob zerhacken und dann im Mörser zerreiben.

Die Hühnerteile auf eine vorgewärmte Platte legen, diese mit einem Teller abdecken und warmstellen. Die Walnüsse in die Sauce rühren. Die Sauce noch etwa 5 Minuten köcheln lassen, bis Sie eindickt, dann abschmecken. Die Sauce über die Hühnerteile gießen und mit dem gehackten Koriander (oder der Petersilie) bestreuen.

Mit Pellkartoffeln und einem einfachen Gemüse, beispielsweise Blumenkohl, servieren.

Links: Feigenkuchen; in Blätter gewickelte, getrocknete Feigen und unwiderstehliche frische Früchte auf einem Hügel in Korfu. Oben: Hier werden kleine Sträußchen aus wildwachsenden Gartenblumen zu einem Kranz gebunden – dem protomayia stefani. Ganz oben: Auf Korfu reicht man manchmal zu Ostern köstlich frische Erdbeeren, die mit etwas ouzo zusätzlich aromatisiert werden; Rezept auf Seite 120.

TORTE MIT CREMEFÜLLUNG

Galaktoboureko

In Paleokastritsa auf Korfu zeigten mir die 18jährige Magda und ihre reizende Großmutter, die *yia-yia*, wie man Filloteig papierdünn ausrollt. Der Unterricht fand an einem Tisch im schattigen Teil des Gartens statt, da es viel zu heiß war, um in der Küche zu kochen.

Meine zweite Unterrichtsstunde in diesem Fach erhielt ich von zwei temperamentvollen und ständig kichernden Lehrerinnen, als nämlich Magda und ihre jüngere Schwester Georgia uns zu Weihnachten besuchten.

FÜR 12 PORTIONEN
400 g Filloteig
etwa 75 g Butter, zerlassen

CREMEFÜLLUNG
1 l Milch
eine große Prise Salz
225 g Vanillezucker (siehe Zubereitung)
140 g feiner Weizengrieß
6 Eier, verquirlt
2 TL Vanille-Extrakt

SIRUP
225 g Zucker
Saft von 1 Zitrone
1 dünner Streifen Schale von einer unbehandelten Zitrone
1 Zimtstange

Für die Cremefüllung die Milch, das Salz und den Zucker – am besten Zucker, der mit einer Vanilleschote aromatisiert wurde – in einem Topf verrühren und langsam erhitzen. Hin und wieder umrühren, bis sich der Zucker aufgelöst hat. Den Weizengrieß dazugeben und alles bei schwacher Hitze etwa 5 Minuten kochen, dabei ständig mit einem Holzlöffel umrühren.

Den Topf vom Herd nehmen und die Eier und das Vanille-Extrakt unter die Creme rühren. Die Oberfläche mit einem angefeuchteten Butterbrotpapier abdecken, damit sich keine Haut bildet, während die Creme abkühlt.

Eine große, runde Backform – die *yia-yia* verwendete eine Aluminiumform mit einem Durchmesser von 25 cm – mit dem ersten Filloteigblatt auslegen, dabei die Teigränder über die Kuchenform hinausragen lassen. Mit der zerlassenen Butter bestreichen. Den restlichen Teig stets mit einem feuchten Tuch bedecken (siehe Seite 121). Damit der Teig nicht austrocknet, die Backform zügig mit weiteren fünf Teigblättern auslegen, dabei jede Schicht mit Butter bestreichen, die in einem Topf bei schwacher Hitze flüssig gehalten werden sollte. Den Backofen auf 180° C vorheizen.

Die abgekühlte Cremefüllung auf die Teigblätter geben und die Oberfläche mit einem Messer glattstreichen. Die Füllung wieder mit sechs gebutterten Teigblättern bedecken und die Ränder sorgfältig abschneiden. Die beiden obersten Teigplatten rautenförmig einritzen, das ist die traditionelle Verzierung für diesen Kuchen. Die Oberfläche erneut mit zerlassener Butter bestreichen und die Torte im Backofen (Mitte) 45 – 50 Minuten backen, bis der Teig knusprig und goldbraun und die Cremefüllung fest ist. Die Torte ist fertig, wenn an einem Holzstäbchen, das Sie in die Mitte der Torte stecken, keine Teig- oder Cremereste hängen bleiben. Die Torte aus dem Backofen nehmen und abkühlen lassen.

Für den Sirup den Zucker, den Zitronensaft, die Zitronenschale und die Zimtstange mit 0,25 Liter Wasser in einem Topf bei schwacher Hitze erhitzen, bis sich der Zucker aufgelöst hat. Dabei gelegentlich umrühren. Den Sirup etwa 10 Minuten sprudelnd kochen lassen, vom Herd nehmen und auf Zimmertemperatur abkühlen lassen.

Die Zitronenschale und die Zimtstange entfernen und den Sirup langsam und gleichmäßig über die Torte gießen. Den Kuchen servieren, wenn er den Sirup vollständig aufgesogen hat. Reichen Sie dazu ein Glas Eiswasser.

ERDBEEREN IN OUZO

Fraoules me ouzo

Es gehört sich zwar, eine Flasche griechischen *ouzo* als Souvenir mit nach Hause zu nehmen, aber aus irgendeinem Grund schmeckt er dann ganz anders als in Griechenland – vielleicht liegt es an der Umgebung oder am anderen Klima.

Aber auch dafür gibt es eine Lösung: Beim folgenden Nachtisch können Sie den überflüssig gewordenen *ouzo* verwerten und einem Teller frischer Erdbeeren zusätzlichen Pfiff verleihen. Dieses Dessert erinnert mich immer an ein liebevoll zubereitetes Ostermahl bei unseren Freunden in Paleokastritsa auf Korfu.

FÜR 6 PERSONEN
1 kg Erdbeeren
50 – 75 g Puderzucker
0,15 l ouzo

Einige besonders schöne Erdbeeren beiseite legen, bei den restlichen die grünen Blättchen entfernen und die Früchte in dicke Scheiben schneiden. Falls Sie genügend Geduld aufbringen, die Erdbeerscheiben in konzentrischen Kreisen auf einem großen

Teller arrangieren. Meine Freundin Chrissa machte daraus ein wahres Künstwerk: die großen Scheiben, alle exakt gleich groß, bildeten den äußeren Kreis, die kleinen Scheiben kamen in die Mitte des Tellers.

Den Puderzucker über die Erdbeeren streuen – die Menge ist Geschmackssache – und den *ouzo* darüber gießen. Mit Klarsicht- oder Alufolie bedecken und mindestens zwei Stunden kalt stellen.

Die beiseite gelegten ganzen Erdbeeren und vielleicht ein paar Blätter dekorativ in die Mitte legen und das Ganze gekühlt servieren.

Zu diesem einfachen, aber sehr appetitlichen Dessert passen Butterkuchen oder Walnußbiskuits (siehe Seite 124).

Filloteig

Für die Herstellung der papierdünnen Filloteigplatten, aus denen köstliche Kuchen entstehen, benötigen Sie lediglich vier Zutaten: Mehl, Backpulver, Wasser und Geduld. Und natürlich eine große Arbeitsfläche, die allerdings nicht ganz so riesig ausfallen muß, wie ich anfangs annahm. Bei meinem ersten Versuch, Filloteig zu verarbeiten, erlebte ich ein Fiasko, da ich mich bemühte, den gesamten Teig auf einmal auszurollen. Ich erhielt zwar eine mehr oder weniger papierdünne Teigplatte, aber leider hing sie wie ein schlaffes, graues Tuch überall am Tisch herunter, dehnte sich und riß.

Sie benötigen 1 kg Mehl, 2 Teelöffel Backpulver und kaltes Wasser – die genaue Menge hängt von der verwendeten Mehlsorte ab.

Das Mehl und das Backpulver in eine große Schüssel sieben und soviel Wasser dazugeben, daß ein fester Teig ensteht. Den Teig leicht durchkneten, bis er glatt ist, die Schüssel abdecken und den Teig 2 Stunden ruhen lassen.

Den Teig in etwa tennisballgroße Stücke teilen. Hier scheidet sich die Spreu vom Weizen. Die meisten meiner Freunde – einschließlich Magda und ihrer Großmutter – sind in der Lage, den Teig auf einer leicht bemehlten Arbeitsfläche mit einem Nudelholz so hauchdünn und gleichmäßig auszurollen, daß man „durch den Teig hindurch eine Zeitung lesen könnte“, wie sich ein freundlicher Konditor ausdrückte.

Ich verbrachte einmal einen ganzen Morgen in einer Großbäckerei in Kerkira und beobachtete voller Bewunderung die flinken Handgriffe und Drehs der professionellen Bäcker, die den Teig mit ungeheurer Geschwindigkeit abwogen und durch die Luft wirbeln ließen, wie einen Pfannkuchen. Man muß das mit eigenen Augen gesehen haben, um es zu glauben – und es vielleicht auch selbst einmal auszuprobieren.

Die ausgerollten Teigplatten mit feuchten Tüchern abdecken und übereinanderstapeln, bis der Teig vollständig verarbeitet ist. Falls Sie die Teigplatten nicht sofort verwenden möchten, sollten Sie sie aufrollen oder ziehharmonikaförmig falten und in Klarsichtfolie wickeln. Der Teig läßt sich dann im Kühlschrank oder Tiefkühlfach aufbewahren und innerhalb weniger Minuten wieder auftauen, da die Teigplatten sehr dünn sind.

Sie können auch dem Beispiel vieler hervorragender Köche und Konditoren folgen und Filloteig in griechischen Lebensmittelgeschäften oder tiefgefrorenen Strudel- oder Blätterteig im Supermarkt kaufen.

Oben: Gleißende Mittagssonne über einem Dorf in den Hügeln – eine Seite von Korfu, die den meisten Touristen wohl unbekannt bleiben wird. Rechts: Quitten aus dem Backofen sind die Spezialität des Gasthofes Lucciola Inn in Sgombou auf Korfu.

QUITTEN AUS DEM BACKOFEN

Kidonia sto fourno

Es war einer dieser unvergeßlichen Tage; wir saßen mit zwölf oder vierzehn Personen bei einer Geburtstagsfeier in einem Landgasthaus auf Korfu und ließen uns die verschiedenen *mezedes* schmecken – weiße Bohnen in Tomatensauce, fritierte Auberginenscheiben, gebackenen Käse, eingelegte rote Beten, Artischocken in Käsesauce, Thunfisch-Bohnen-Salat, gegrillte rote Paprikaschoten und mit Kräutern gewürzte Fleischbällchen – als uns plötzlich ein verführerischer Duft in die Nase stieg.

Wie sich herausstellte, handelte es sich um die Spezialität des Hauses: Quitten aus dem Backofen, denen wir einfach nicht widerstehen konnten.

FÜR 4 PERSONEN
4 große, reife Quitten
mindestens 8 EL klarer Honig

Dieses Rezept verwandelt die reifsten, gelbsten, saftigsten Quitten in pure Ambrosia; bei zähen, unreifen Früchten versagt es jedoch. Wählen Sie die Früchte also sehr sorgfältig aus.

Den Backofen auf 220° C vorheizen. Die Quitten mit einem feuchten Tuch abwischen und mit einem dünnen Spieß überall einstechen. Die Früchte in Alufolie wickeln, aufrecht in eine Auflaufform setzen, die für die vier Quitten gerade groß genug ist und im Backofen (Mitte) etwa 1 ¼ – 1 ½ Stunden (je nach Größe und Reife des Obstes) schmoren lassen.

Die Alufolie entfernen und die Quitten mit Honig beträufeln. Nach Wunsch mit Zitronenspalten servieren.

Es ist reine Geschmackssache, ob man die Schale mitverzehrt; den meisten Griechen schmeckt sie wohl zu bitter und sie sind äußerst geschickt im Umgang mit Messer und Gabel, wenn sie die Haut säuberlich Stückchen für Stückchen entfernen. Ich dagegen halte dies für eine Verschwendung des köstlichen Honigs.

WALNUSSBISKUITS

Kourabiedes

Weihnachten ohne Berge von traditionellem Walnußgebäck – dieser Gedanke ist wohl für die meisten Griechen unerträglich. Deshalb schickten uns unsere Freunde aus Paxos einmal völlig überraschend mehrere Kilo dieser köstlichen Plätzchen – es war ein riesiges Paket.

Unglücklicherweise..., aber Sie können sich den Rest sicher denken. Immerhin ergaben die zerbröselten Kekse zusammen mit Puderzucker, Sahnejoghurt (halb Sahne, halb Joghurt) und einem Schuß Brandy die himmlischste Eiscreme, die man sich vorstellen kann.

FÜR ETWA 24 BISKUITS
225 g weiche Butter
75 g Puderzucker
1 TL Vanille-Extrakt
1 Eigelb
450 g Mehl
1 TL Backpulver
75 g Walnüsse, gehackt
Puderzucker zum Bestäuben

Die Butter mit dem Zucker schaumig rühren, bis die Masse hell und cremig ist. Das Vanille-Extrakt und das verquirlte Eigelb darunterrühren. Das Backpulver mit dem Mehl mischen und langsam unter die Masse ziehen. Die Walnüsse dazugeben, den Teig zu einer Kugel formen und leicht durchkneten. Den Backofen auf 180° C vorheizen.

Aus dem Teig walnußgroße Kügelchen formen und mit reichlich Abstand zueinander auf ein gefettetes und bemehltes Backblech setzen. Die Biskuits im Backofen (Mitte) 20 – 25 Minuten backen, bis sie an den Seiten hellbraun sind.

Die Biskuits herausnehmen und auf einem Kuchengitter auskühlen lassen. Großzügig – ich meine wirklich großzügig – mit Puderzucker bestäuben und in einer luftdicht verschließbaren Keksdose aufbewahren.

Silvester

St. Basilius, der griechische Schutzheilige des Neujahrstages, übernimmt in der griechisch-orthodoxen Kirche die Aufgabe des Nikolaus oder Weihnachtsmannes. Er zieht mit einem Schlitten von Haus zu Haus zu und verteilt Geschenke, wofür man ihm mit einem großen Stück *vasilopitta*, einem besonderen Neujahrskuchen, dankt.

Silvester ist die Gelegenheit für eine riesige Feier mit allen Freunden und Verwandten, die mit Fruchtkonfekt, Kaffee und grossen Mengen *kourabiedes*, den knusprigen, mit Puderzucker bestreuten Walnußbiskuits (Rezept links) begrüßt werden.

Nach diesen traditionellen Zeichen der Gastfreundschaft folgt meist ein üppiges Buffet, und um Punkt zwölf Uhr wird der Neujahrskuchen angeschnitten, ein lockerer Hefekuchen, der nach Belieben mit Zimt oder Orangenstückchen gewürzt ist.

Die Glocken läuten, im Garten wird ein Feuerwerk entzündet und die Gäste wünschen einander *Chronia polla*, viele glückliche Jahre. Der Gastgeber schlägt das Kreuzzeichen über dem Kuchen, legt das erste Stück für die Heilige Mutter Gottes oder für St. Basilius beiseite und verteilt den Kuchen an seine Gäste, an die ältesten zuerst. Dann verfolgen alle mit großer Spannung, wer in diesem Jahr die Gold- oder Silbermünze in seinem Stück Kuchen finden wird. Findet sich die Münze im ersten Stück, wird die ganze Gesellschaft mit Glück gesegnet sein, befindet sie sich aber im restlichen Kuchen – der an die Armen verschenkt wird – ist der tiefere Sinn des Festes erfüllt.

Zu diesem Feiertagskuchen reicht man natürlich auch ein besonderes festliches Getränk, Sekt oder vielleicht sogar Champagner. Und wenn man Glück hat, wird man dabei von einem Glücksboten unterbrochen, der nach Anbruch des neuen Jahres von Haus zu Haus zieht und seine guten Wünsche überbringt.

EINGELEGTE KUMQUATS

Kumkuat koutaliou

Ich bin immer ganz gerührt, wenn man mir in einem griechischen Haushalt zur Begrüßung das traditionelle dickflüssige Fruchtkonfekt auf einem Löffel reicht. Und wie bei allen Sitten und Gebräuchen sollte man auch hier den genauen Ablauf dieser Zeremonie kennen, um seine eigene Rolle auch richtig zu spielen. Der Herr oder die Dame des Hauses trägt ein Tablett mit einem Glas Wasser herein, einem Löffel und einer Tasse Kaffee für jeden Gast sowie einem Glas oder einer Schüssel Fruchtkonfekt, das aus Feigen, Trauben, Kirschen, Kürbiswürfeln, Kumquats oder anderen Früchten hergestellt sein kann.

Von Ihnen wird nun erwartet, daß Sie einen Löffel dieses Fruchtkonfekts essen, das Glas Wasser trinken und den Löffel in das leere Glas stellen. Dann trinken Sie den Kaffee und den eventuell angebotenen *raki* oder Likör. Falls Sie sich nicht in griechischer Sprache bedanken können – *efcharisto poli* – zeigen Sie am besten Ihr strahlendstes Lächeln.

Auf Korfu werden Kumquats in Hülle und Fülle geerntet und man serviert sie häufig auf die folgende Weise.

FÜR 1 KG KONFEKT
1 kg Zucker
1 kg Kumquats
Saft von 2 Zitronen
1 dünner Streifen Schale von einer unbehandelten Zitrone
3 – 4 Tropfen Vanille-Extrakt

Den Zucker mit 0,45 Liter Wasser in einen Topf geben und langsam erhitzen, bis sich der Zucker aufgelöst hat. Dabei gelegentlich umrühren.

Die Stiele der Kumquats entfernen und die Früchte mit einer sterilisierten Stopfnadel überall einstechen, so daß der Sirup durch die Schale dringen kann. Die Kumquats, den Zitronensaft, die Zitronenschale und das Vanille-Extrakt in den Sirup geben, erneut erhitzen und 5 Minuten sprudelnd kochen lassen.

Alles in eine große Plastikschüssel füllen und über Nacht stehen lassen (die Kumquats dürfen nicht über längere Zeit in einem Metallgefäß aufbewahrt werden).

Am nächsten Tag die Kumquats mit der Sirupmischung wieder in den Topf geben, erneut aufkochen und so lange bei schwacher Hitze köcheln lassen, bis die Früchte weich sind. Das dauert etwa 1 Stunde.

Die Kumquats mit einem Schaumlöffel herausheben und in warme, sterilisierte Gläser füllen. Den Sirup so lange eindicken lassen, bis ein Tropfen heißer Sirup auf einem kalten Teller seine Form behält und nicht mehr zerläuft. Die Zitronenschale entfernen.

Die Kumquats vollständig mit Sirup bedecken, das Glas verschließen und an einem kühlen Ort aufbewahren.

TRAUBENSAFT-DESSERT

Moustalevria

Fast jeder Bewohner von Ithaka besitzt ein paar Weinstöcke: helle, gelbgrün-schimmernde Blätter im Frühling, kräftiges, smaragdgrünes Blattwerk im Sommer, goldbraunes Laub und dunkle Trauben im Herbst. Dann verwandelt sich fast jedes Haus in eine kleine Weinkellerei, in der die Inselbewohner ihren eigenen Wein pressen und keltern.

Aber nicht der ganze Traubensaft wird für die Weinproduktion verwendet. Ein Teil der tiefroten Flüssigkeit ergibt dieses duftende Dessert. Wer nicht zu den Glücklichen zählt, die „ein paar Weinstöcke besitzen", muß nicht darauf verzichten, er darf sich auch mit Traubensaft aus der Flasche behelfen.

FÜR 4 PERSONEN
0,6 l roter Traubensaft
50 g Zucker
¼ TL gemahlener Zimt
60 g feiner Weizengrieß
4 EL griechischer Joghurt
4 EL gehackte Walnüsse
etwas Zimt zum Bestäuben

Den Traubensaft, den Zucker und den Zimt in einen kleinen Topf geben und langsam erhitzen, dabei gelegentlich umrühren. Den Weizengrieß einrieseln lassen und mit einem Holzlöffel kräftig durchrühren. Bei schwacher Hitze unter ständigem Rühren erhitzen, bis der Grieß eindickt und Blasen wirft. Weitere 4 – 5 Minuten köcheln lassen, dabei gelegentlich umrühren, damit sich der Grieß nicht ansetzt.

Das Dessert in vier Schälchen geben, erkalten und fest werden lassen.

Jedes Schälchen mit einem Klacks Joghurt versehen, mit Walnüssen bestreuen und nach Geschmack mit Zimt bestäuben. Gut gekühlt servieren.

Das griechisch-orthodoxe Osterfest

Das Osterfest der griechisch-orthodoxen Kirche fällt nicht notwendigerweise auf den gleichen Tag wie das Osterfest in den anderen christlichen Ländern, da das griechisch-orthodoxe Kirchenjahr sich nach einem anderen Kalender richtet. Wenn Sie Ostern in Griechenland verbringen, werden Sie miterleben, daß die Gefühle zwischen tiefer Religiosität und purer Lebensfreude schwanken. Es beginnt mit der 40-tägigen Fastenzeit, mit Meßfeierlichkeiten und Prozessionen voller Inbrunst und strengster Einhaltung der Fastenvorschriften. Da die Familien von weit her zusammenkommen, um die Osterfeiertage gemeinsam zu verbringen, herrscht in den Küchen hektische Betriebsamkeit, aber die Mütter oder Großmütter würden um nichts auf der Welt darauf verzichten wollen.

In fast jeder griechischen Familie gibt es zu Ostern ein Lamm oder ein Zicklein, selbst in kleinen Haushalten kocht man einen Auflauf oder einen Braten wie *yiouvetsi* – Lammkeule mit Nudeln – das Rezept finden Sie auf Seite 116. Besteht die Familie jedoch aus vielen Angehörigen, wird meistens ein ganzes Lamm am Spieß gebraten. Dazu geht man in den Garten, auf die Straße oder fährt, wie viele Inselbewohner das tun, aufs Land hinaus.

Speziell dafür wird eine beträchtliche Zahl junger Lämmer und Zicklein gezüchtet und – so ist das nun mal – auch geschlachtet. In den ländlichen Gegenden kaufen die Familien ihr Osterlamm oder -zicklein lebend und halten es einige Tage im Garten oder in einem Schuppen, bis der Metzger (*chasapis*) vorbeikommt. Empfindsame Naturen sollten einen weiten Bogen um die rituelle Schlachtung machen, die direkt vor dem Hauseingang stattfindet. Nach Beendigung seines harten Geschäftes taucht der Metzger ein Tuch in das Tierblut, zeichnet damit ein Kreuz auf die Hauswand als Symbol für ein glückliches Osterfest und nimmt das Tier mit in die Metzgerei, wo man es zerlegt und abhängt.

Karsamstag – der Tag vor der Stunde Null – erinnert mich an Heiligabend, allerdings scheint hier die Sonne und es ist wärmer. Das ganze Haus duftet nach frischgebackenen Broten und Plätzchen; in letzter Minute werden noch frisches Obst und Gemüse vom Markt geholt, Schokoladenhasen, -enten und -küken vor den Kindern versteckt, die *kokkina avga*, die rotgefärbten Ostereier (siehe Seite 108), mit Olivenöl poliert – meistens eine Aufgabe der Kinder – und nach und nach alle Salate und Beilagen zubereitet und beiseite gestellt.

Auf Korfu kommen am Morgen des Karsamstags die Menschen von der ganzen Insel in Kerkira zusammen und schieben sich durch die Straßen auf der Suche nach einem günstigem Aussichtspunkt, während sich die Kerkirer auf den Balkonen drängen. Die Gebäude sind mit roten Flaggen, Tüchern und Teppichen geschmückt, die Ballonverkäufer haben alle Hände voll zu tun und durch die wartende Menge wogt ein Raunen der Erwartung und Spannung. Um Punkt elf Uhr werfen die Menschen dann einen wahren Hagel von Steingutgefäßen auf die Straße – als Symbol für den Verrat Judas an Jesus Christus. Während sich die Zuschauer in sicherem Abstand halten, zerschellen die mit Wasser oder

Links: Feierliche Osterprozession in Spianada, dem Stadtzentrum von Kerkira auf Korfu. Unten: Tsourekia, die traditionellen Osterbrote, werden häufig um ein rotgefärbtes Ei herum gebacken; Rezept auf Seite 108.

Heu gefüllten Gefäße auf dem Boden und im Nu ist der ganze Spuk vorbei. Die Straßenfeger beginnen mit ihrer Arbeit, Musikkapellen winden sich ihren Weg durch das Straßengewirr und die ganze Stadt feiert „Karneval".

In den Tavernen und den griechischen Haushalten bereitet man jetzt die traditionellen *mayiritsa* zu, eine Gemüse- und Innereiensuppe, mit der in den ersten Stunden des Ostersonntages das Fasten gebrochen wird. Während der Vorbereitung sieht das Gericht nicht gerade appetitlich aus: ein Haufen gut gereinigter Därme, das Herz, die Lungen und der Speck des Ostertieres werden kleingeschnitten, blanchiert und in eine Kasserolle gegeben. Leber und Nieren sind für diese Suppe zu kostbar. Dagegen gibt man noch fein geschnittene Zwiebeln, Salatherzen und Lauch in den Topf, würzt das Ganze großzügig mit Pfeffer, Salz und Kräutern und füllt den Topf mit Wasser auf. Die Suppe köchelt dann etwa vier bis fünf Stunden auf dem Herd und ist fertig, wenn die Familie aus der Kirche kommt.

Gegen Mitternacht begeben sich überall im Land die Menschen zu den Kirchen. Sie kaufen unterwegs an den Straßenständen Osterkerzen. Wenn die Turmuhr zwölf schlägt, werden in der ganzen Stadt die Lichter gelöscht und über die Gemeinde legt sich ein Schweigen, das man fast schon fühlen kann.

Es ist Ostern! Mit einem Feuerwerk wird der Zauber gebrochen, die Menschen umarmen einander und begrüßen sich mit dem frommen Ostergruß *Christos anesti!* „Christus ist auferstanden!" Eine Prozession aus Bischöfen, Priestern und anderen kirchlichen Würdenträgern kommt aus der Kirche und trägt das Licht, das Symbol der Auferstehung, zu den Menschen, die es von Kerze zu Kerze weiterreichen. Das langersehnte Osterfest ist endlich da!

Schließlich zerstreut sich die Gemeinde. Jeder bemüht sich, sein flackerndes Kerzenlicht mit den Händen vor unerwünschtem Windzug zu schützen. Denn es bringt Glück, wenn die Kerze auf dem Heimweg nicht ausgeht und man mit ihr ein Kreuzzeichen in den obersten Balken des Türrahmens einbrennt.

Die Fastenzeit ist vorbei, die *mayiritsa* steht fertig auf dem Tisch – und wie sich herausstellt, ist sie auch äußerst schmackhaft. Dann nimmt sich jeder ein rotes Ei und klopft es mit seinem Nachbarn und allen, die am Tisch sitzen auf. Unsere Gastgeberin erzählte uns während unseres ersten griechischen Osterfestes, daß der Gewinner alle Eier bekommt und auch aufessen muß. Da in diesem Fall 12 hartgekochte Eier auf den Gewinner warteten, achtete ich sehr genau darauf, daß mein Ei schon nach der ersten Runde angeschlagen war.

Unabhängig von der Länge des Festmahls, steht man am nächsten Morgen zeitig auf und beginnt mit den Vorbereitungen für den Tag. Das Feuer für den Grill wird angezündet, das Lamm auf den Spieß gesteckt und jeder darf es einmal drehen, denn das bringt Glück. Auf einem kleinen Tischgrill brutzeln die restlichen Innereien, kleine Lammkoteletts, Bries und Salami, die der Gastgeber den Besuchern anbietet.

Sobald das Lamm fertig ist, legen die Männer es mit dem Spieß auf einen Tisch und zerlegen es in große Portionen. Das Fleisch wird mit den Fingern gegessen. Vielleicht hält jemand noch eine kurze Rede und dann beginnt das Mahl, zu dem man Schüsseln mit Radieschen, Oliven, Bohnen und Paprikastücken, Scheiben von krümeligem *feta*-Käse oder anderen Käsesorten, Fischrogensalat, Kichererbsenpüree, Auberginensalat sowie Sauerteigbrot serviert. Die Gläser werden mit dem besten, selbstgekelterten Wein oder mit Sekt gefüllt und man beginnt mit dem Austausch der Geschenke. Danach gibt es körbeweise Obst sowie selbstgebackenen Kuchen und Plätzchen und noch mehr Wein. Schließlich ist das Mahl beendet, und der Tanz kann beginnen. Und bald „fallen einige von uns zwischen den Blumen in einen tiefen, süßen Schlaf", wie uns eine liebenswerte alte Dame auf Korfu anvertraute.

Griechische Weine

Der Genuß eines schweren, rubinroten Weins zu einem deftigen Essen; ein klarer, goldglänzender Spitzenwein zu einer Platte fangfrischem Fisch; endlose Weinproben in einer Weinkellerei auf dem Peloponnes (dem wichtigsten Weinanbaugebiet Griechenlands), wo ein Glas nach dem anderen von dem jungen „grünen" Wein verkostet wird; riesige Weinfässer, die die Dorfbewohner zur Hälfte mit Steinen füllen und dann über das Kopfsteinpflaster rollen (eine traditionelle Art, die Fässer zu reinigen); ein Bronzebecher mit berauschendem, selbstgekeltertem Wein während einer Hochzeit auf Skyros, der wichtigste Auftakt zum Tanz; ein eiskalter Bach auf Andros, in dem mehrere Flaschen Retsina für das Picknick gekühlt werden; selbst der Kauf von ein oder zwei Flaschen griechischem Wein im Supermarkt – in den charakteristischen griechischen Weinen finden viele das wieder, was Griechenland so einzigartig macht.

Der Weinbau zählt zu den ältesten Kulturgütern Griechenlands, aber seine Ursprünge liegen im Dunkel der Geschichte verborgen. Allerdings ist nachgewiesen, daß in Griechenland schon in der Jungsteinzeit, also vor etwa 6000 Jahren, Wein angebaut wurde und daß die Griechen des Altertums den Wein als Geschenk eines Gottes verehrten. Dionysos dem Gott des Weines und der Ekstase wurden bemerkenswerte künstlerische Darstellungen von Weinbergen, Reben und Trauben gewidmet. Bemerkenswert ist auch, daß Dionysos auf eine Stufe gestellt wurde mit Apollo, dem Sonnengott und Demeter, der Göttin der Fruchtbarkeit.

In der Antike war die Qualität des griechischen Weins weithin berühmt, und die Griechen tauschten ihn in großen Mengen gegen Weizen aus Ägypten, Silber aus Spanien und Holz aus dem Kaukasus. Darüber hinaus entwickelten sie das erste Klassifizierungssystem für Weine, heute bekannt als garantierte Ursprungsbezeichnung. Zu den begehrtesten „Qualitätsweinen" der Antike zählten die sanften Weine von Thasos und die eher kräftigen Weine von Santorin und Kreta.

Griechenland ist aufgrund seiner geologischen und klimatischen Bedingungen hervorragend für den Weinbau geeignet. Die hauptsächlich felsigen und alkalischen Böden sind zum Teil vulkanischen Ursprungs, und die verschiedenen Mikroklimate einer Region – manchmal sogar eines Weinbergs – sorgen für eine Vielzahl unterschiedlicher Weine von hervorragender Qualität.

Ursprünglich konzentrierte sich der Weinbau auf die Küstengebiete. Aber im Lauf der Jahrhunderte verbreitete er sich über das ganze Land, und heute findet man Weinberge auf Hügeln und an Berghängen bis zu einer Höhe von 800 Metern. Die Weinberge Griechenlands bedecken insgesamt eine Fläche von 186.000 Hektar. Davon ist etwa die Hälfte mit einem Mischsatz verschiedener Traubensorten bepflanzt, denn Griechenland zählt ja auch zu den größten Erzeugern von Tafeltrauben, Korinthen und Sultaninen. Die wichtigsten Weinbaugebiete der griechischen Inseln liegen auf Kreta, Rhodos, Santorin, Paros, Samos, Zakynthos, Kephallinia, Lefkas und Korfu; aber natürlich produzieren auch die anderen Inseln eigene Weine, die sie ihren Gästen nur zu gerne anbieten.

Insgesamt findet man in Griechenland etwa 300 Rebsorten. Dazu zählen die dunkelblaue Mandilaria- und die weiße Vilanatraube, die in großen Mengen auf Kreta angebaut werden; die weiße Assirtiko, die auf Santorin und dem Berg Athos wächst; die dunkelrote Mavrodaphne, aus der die typischen Rotweine von Kephallinia und Achaia auf dem Peloponnes gekeltert werden; die fruchtige, weiße Robolatraube, die ebenfalls auf Kephallinia gedeiht und die weiße Savatianotraube, die überall auf Euböa zu finden ist.

Das bedeutet aber nicht, daß der Großteil oder die besten Weine Griechenlands nur aus einer einzigen Rebsorte gekeltert werden. Das Können eines Winzers zeigt sich bei der richtigen Mischung, denn auch aus verschiedenen Rebsorten, die in einem genau festgelegten Gebiet angebaut werden dürfen, läßt sich ein „Qualitätswein" keltern, der unter dem Namen einer Region als Qualitätswein mit Ursprungsbezeichnung verkauft werden darf.

All diese Rebstöcke und Traubensorten ergeben zusammen eine Jahresproduktion von 5 Millionen Hektolitern, die zu 60 Prozent aus Weißweinen und zu 40 Prozent aus Rot- und Roséweinen besteht.

Dank der jahrhundertelangen eigenen Qualitätskontrolle genügen die griechischen Weine auch heute den Bestimmungen der Europäischen Gemeinschaft und werden als „Tafelwein“ oder „Qualitätswein mit Ursprungsbezeichnung“ verkauft.

Eine kleine Menge dieser „Qualitätsweine“ erhält darüber hinaus den begehrten Titel „Reserve“ (*epilegmenos*) oder „Grand Reserve“ (*ithika epilegmenos*). Diese Weine, die man in Griechenland auch *kava* nennt, müssen unter genau festgelegten Temperatur- und Feuchtigkeitsbedingungen mehrere Jahre in Fässern reifen Für den Titel „Reserve“ benötigt ein Weißwein zwei, ein Rotwein drei Jahre Lagerzeit, und für den Titel „Grand Reserve“ ist jeweils noch ein weiteres Jahr erforderlich.

RETSINA

Mancher mag sagen: Griechenland hat feine Weine und Griechenland hat gute Weine, und dann gibt es noch den Retsina! Sein harziges, kiefernartiges Aroma und sein Geschmack sind sicherlich gewöhnungsbedürftig. Die Weintrinker teilen sich hier in zwei Gruppen: man kann Retsina nur lieben oder hassen. Dieser Wein ist nicht nur typisch griechisch – ein traditionelles Erzeugnis aus den Weinbergen und den Pinienhainen – sondern einzigartig, da kein anderes Land der EG Retsina produzieren darf.

Retsina wird aus Weiß- oder – seltener – Roséweinen hergestellt. Glauben Sie kein Wort von dem, was

Rechts: Trauben- und Olivenernte in einem großen kretischen Weinberg. Unten: Die Inselweine werden häufig mit sehr einfachen Methoden gekeltert.

seine Kritiker über ihn sagen. Er wird genauso gekeltert wie jeder andere griechische Tafelwein. Der einzige Unterschied besteht darin, daß dem Most kleine Stückchen Pinienrinde zugesetzt werden, die dem Retsina sein harziges Aroma verleihen. Sobald die Rinde ihren Zweck mehr oder weniger stark erfüllt hat, wird sie wieder herausgefiltert.

Warum das Ganze? Wer kam als erster auf den Gedanken, Wein mit Pinienrinde zu versetzen? Und warum tat er das? Der Retsina entstand in einer Zeit, als die Griechen ihre Weine in Ziegenhäuten lagerten und die Beutel mit Pinienharz abdichteten. Diese Maßnahme hatte weitreichende Konsequenzen, denn das Harz sickerte in den Wein und versah ihn mit einem äußerst eigenwilligen Aroma. Durch die Entwicklung von Weinfässern und -flaschen gerieten

die Ziegenhäute in Vergessenheit, und das wäre beinahe das Ende des Retsina gewesen. Aber es kam – Gott sei Dank – ganz anders. Die Weinbauern und ihre Kunden hatten sich an den charakteristischen Geschmack gewöhnt und einen Weg gefunden, durch die Beigabe von Pinienrinde den hohen Harzanteil beizubehalten.

Für viele Weinkenner und Retsinafreunde gibt es keinen anderen Wein, der so hervorragend zu einem Morgen in einer Hafentaverne paßt, wo man bei einer Platte *mezedakia* sein zweites Frühstück genießt. Mit Retsina läßt sich sowohl ein einfaches Mahl aus Brot, Käse und Salat abrunden, als auch ein Picknick auf dem Lande oder am Strand (den Korkenzieher nicht vergessen!). Man kann ihn als Stärkungsmittel während einer langen Wanderung oder Radtour im Rucksack mitnehmen (natürlich aus rein medizinischen Gründen) und er gehört ganz oben auf die Proviantliste für einen Segeltörn in der Ägäis – ich könnte endlos weiterschwärmen!

Auf den Etiketten der besten Retsina-Weine – wie beispielsweise Retsina Boutari – ist genau wie bei den anderen Qualitätsweinen der Name des Abfüllers und das Ursprungsgebiet vermerkt, und jeder Retsina hat seine eigenen Anhänger. Diese Markentreue erlebte ich einmal in aller Deutlichkeit, als wir zu Hause eine Griechenland-Party gaben. Ich fragte einen unserer Gäste, der Griechenland sehr gut kannte, ob er ein Glas Retsina wolle, worauf er zurückfragte, von welcher Firma der Retsina stamme. „Vielleicht möchte ich ein Glas, vielleicht aber auch nicht", sagte er, „das hängt ganz davon ab, woher der Retsina kommt". Es war das Aus für eine tapfere Gastgeberin!

Auch unetikettierte Weine, die in den Dorftavernen direkt aus dem Faß kommen, haben ihre Anhänger, und viele Leute wählen ihre Taverne einfach aufgrund der Qualität des Hausretsinas. Am 26. Oktober, dem Tag des St. Demetrius, werden traditionell die Fässer mit dem neuen Retsina angestochen, und in manchen Weinbaugebieten geht die ernsthafte Bewertung und Einschätzung des neuen Weines nahtlos in ein fröhliches Trinkgelage über.

In vielen Dorftavernen wird der Wein (sehr preisgünstig) in bronzefarbenen Bechern ausgeschenkt, und es ist erstaunlich, wie schnell ein Halbliterkrug (*misioka*) geleert werden kann.

Gelegentlich kommt es auch vor, daß man in einer Taverne oder einem *kafenion* sitzt und das Glas mit Wein oder einem anderen Getränk überraschend schnell und völlig unerwartet nachgefüllt wird. Lassen Sie sich nicht verwirren, wenn der Kellner eine Flasche Retsina oder ein Glas *ouzo* oder *raki* bringt, das Sie gar nicht bestellt haben, und auf Ihre Rückfrage hin nur vage in die eine oder andere Richtung deutet. Es handelt sich hierbei lediglich um einen typisch griechischen Brauch. Die Leute am Nachbartisch bestellen Besuchern einfach ein Getränk, ohne dafür ein Dankeschön zu erwarten. Falls Sie die Identität Ihres Wohltäters lüften können, begehen Sie nicht den Fehler, sich revanchieren zu wollen. Es gehört ebenfalls zur griechischen Tradition, daß der Grieche in seinem Stammlokal stets das letzte Wort behält!

DER PELOPONNES

Patras liegt an der Nordwestküste des Peloponnes und ist die Heimatstadt der alteingesessenen Weinfirma Achaia Clauss. Das berühmte Handelshaus mit seinen riesigen Fässern und der neuesten Weintechnologie kann besichtigt werden, und der Besucher ist herzlich eingeladen, die verschiedenen Weine des Hauses zu probieren. Zu diesen Weinen zählen die Sorten Patras, Nemea, Chateau Clauss, Cava Clauss, Danielis, Santa Helena, Bon Viveur und Retsina Liokri. Darüber hinaus stellt die Firma auch einen *ouzo* unter dem Markennamen Achaia Clauss her.

Auf einer Reise durch diese Gegend führte mich mein Weg einmal in das Dorf Demestika, das südöstlich von Patras mitten im Herzen des Weinanbaugebietes liegt. Ich habe es nicht bereut, denn jeder Besucher wird wie ein alter Freund empfangen, und es wäre ausgesprochen unhöflich, die Winzer wieder an ihre Arbeit gehen zu lassen, ohne einen oder zwei ihrer Weine probiert zu haben.

Ob es Homer ähnlich erging, ist nicht bekannt, aber er schrieb, daß das Dorf Methoni in Messenia „reich an Weinen" sei. Es heißt, daß die Stadt ihren Namen den Eseln verdanke, die den Wein transportierten und denen das berauschende Aroma in den Kopf stieg.

Auf der Fahrt nach Osten kam es in der Nähe von Korinth zu einem echten Festessen. Der Inhaber einer kleinen Taverne servierte uns einen Tintenfisch in Rotwein (das Rezept finden Sie auf Seite 12). Dazu gab es einen selbstgekelterten Rotwein, der einem Gast am Nebentisch so zusagte, daß er ohne Zögern einen 50-Liter Behälter aus seinem Wagen holte und ihn mit diesem Wein auffüllen ließ, ganz wie in Frankreich. Von dieser deutlichen Anerkennung ermutigt, hob der Amateurwinzer zu einer längeren Erzählung an, in der er uns pantomimisch darstellte, wie er die Trauben geerntet, transportiert und gekeltert – dazu rollte er die Hosenbeine auf – die Süße des Weines geprüft und den Wein schließlich in Fässer gefüllt hatte. Und das alles zum Preis eines Eintopfs!

DIE KYKLADEN

Auf den Kykladen wurde schon in der Antike Wein hergestellt, und heute gibt es dort zwei Hauptweinanbaugebiete Santorin und Paros. Obwohl diese beiden Inseln relativ nahe beieinander liegen, sind ihre klimatischen Bedingungen und die Bodenbeschaffenheit so verschieden, daß sich auch ihre Weine stark voneinander unterscheiden.

Auf Santorin, wo der *meltemi* – ein trockener, kühler Nordwind – relativ heftig weht, werden die Weinreben kurz über dem Boden beschnitten, damit der Wind ihnen nichts anhaben kann. Der einzigartige Boden der Insel, der sich aufgrund zahlreicher Vulkanausbrüche aus Schlacke, Asche, Lava und Bimsstein zusammensetzt, verleiht allen Inselweinen ein ganz typisches Bukett.

Santorin oder Thera, wie die Griechen die Insel nennen, ist berühmt für seine seltene Assirtikotraube, die ein Weinkenner einmal als „die außergewöhnlichste weiße Traube im gesamten Mittelmeerraum" beschrieb. Aus dieser Traube wird beispielsweise der „Santorini Boutari" gekeltert, ein trockener Weißwein von höchster Qualität, mit einer schönen Farbe und kräftigem Charakter.

Aus einer Mischung der Assirtikotraube und der muskatähnlichen Weißweinrebe Aidani wird auf Santorin der ungewöhnliche Strohwein *liastros* hergestellt. Dazu läßt man die Trauben nach der Lese langsam in der Sonne trocknen, bevor man sie keltert. Der Most dieser Trauben enthält soviel natürlichen Zucker und gärt so langsam, daß der Wein weder mit Zucker noch mit Alkohol versetzt werden muß und die Bezeichnung „natürlich süß" zu Recht verdient.

Auf Paros sind die bekanntesten Rebsorten die weiße Monemvasiatraube – auch bekannt unter den

Namen Malvoisie oder Malvasia – und die rote Mandilariatraube. Aus der Monemvasiatraube gewinnt man einen hervorragenden, trockenen Weißwein; und die Mandilaria ergibt nicht nur den exquisiten roten *mistelle*, der zur Herstellung von Vermouth dient, sondern sie wird auch von der hundert Jahre alten Firma Boutari für ihren „Paros Boutari" verwendet, einem weichen, rubinroten, trockenen Wein mit dem einzigartigen Aroma der Ägäis.

DER DODEKANES

Rhodos hat als einzige Insel des Dodekanes seine bis in die Antike zurückreichende Weintradition bis heute gepflegt. Damals füllte man die Inselweine in Tonamphoren, die mit einem Stempel versehen waren, auf dem der Name des Weines und das Symbol der Winzer, die Weintraube, stand – einem Vorläufer der heutigen Weinetiketten.

Die Insel besitzt zwei verschiedene Klimazonen: die heiße und flache Ebene mit sandigem Boden und einer Hügellandschaft, die vom *meltemi*, dem Nordwind der Ägäis ständig gekühlt wird. Nur die an diesen nördlichen Hängen gezogenen Weintrauben liefern Qualitätsweine, zu ihnen zählt beispielweise ein trockener Weißwein aus der Athirirebe sowie ein angenehm runder Rotwein aus der Amorgianotraube.

Darüber hinaus findet man auf der Insel noch den „Moskatos Rhodos", einen weißen, süßen Dessertwein, den man auch schon in der Antike kannte. Dieser Wein entsteht aus einem Verschnitt von weißen Moskatotrauben und der Moskato-Trani-Trauben, die beide auch im Süden der Insel gezogen werden. Er paßt hervorragend zu *baklava* oder *kataifi*, einem süßen Gebäck.

KRETA

Die Geschichte der Insel Kreta und die Geschichte des Weinanbaus sind wie die Ranken eines Weinstocks unentwirrbar miteinander verbunden, und die antiken Zentren der minoischen Kultur Knossos, Gortyn und Phaistos führten einen regen Weinhandel. Im Palast von Knossos hat man bei Ausgrabungen herrlich verzierte Weinamphoren gefunden und in der Mitte der Insel wurde eine Weinpresse entdeckt, die aus dem 17. Jahrhundert vor Christus stammt.

Es wird sogar die Meinung verteten, daß die Insel über die ältesten Weinberge Europas verfügt, in denen die ältesten kretischen Rebsorten gedeihen. Bis heute wird aus den Reben eine Vielzahl roter und weißer Weine gekeltert, sie liefern erstklassige Tafeltrauben und Sultaninen. Die charakteristischen schweren und körperreichen Rotweine Kretas werden aus der Romeikotraube aus Chania, der Kotsifalitraube aus Iraklion und der Liatikotraube aus der Lasithi-Hochebene gekeltert. Die Vilana-, Athiri- und Ladikinotrauben ergeben fruchtige und blumige Weißweine.

Die durch die gewaltige Gebirgskette sowohl geografisch als auch klimatisch unterteilte Insel kann vier „Qualitätsweine mit Ursprungsbezeichnung" aufweisen, die alle den Sitia-Weinbergen im äußersten Osten Kretas entstammen. Dort gedeiht die Liatikotraube in einer Höhe von bis zu 600 Metern und liefert sowohl kräftige Rotweine als auch fruchtige Dessertweine, die auch gerne als Apéritif genossen werden.

In der Region von Daphnes gewinnt man aus der gleichen Rebsorte die Daphnes-Qualitätsweine, die den Dessertweinen aus Sitia ähneln. Sie erinnern an den berühmten Malvasia-Wein, der der Legende nach im Palast von Minoa nach einem Rezept des Orakel von Delphi in riesigen Amphoren hergestellt wurde und als Symbol der Weisheit galt. In einem Faß dieses Weines, der in England als Malmsey-Wein bekannt ist, soll sich der unglückliche Herzog von Clarence im Jahre 1478 ertränkt haben.

Die beiden anderen Qualitätsweine Kretas, der Archanes und der Peza, sind schwere und körperreiche Rotweine mit einem angenehmen Bukett. Sie werden aus der Kotsifalitraube, die in der Nähe von Iraklion gedeiht, und der Mandilariatraube gekeltert, die für seine typische Farbe verantwortlich ist.

Einer der größten Weinerzeuger Griechenlands, die Firma D. Kourtakis S. A., hat vor kurzem einen roten und einen weißen kretischen „Landwein" eingeführt, die für eine neue griechische Weinqualität stehen. Der runde und körperreiche Rotwein entsteht aus einem Verschnitt von drei einheimischen Rebsorten - der Kotsifali-, der Liatiko- und der Mandilariatraube. Der feine, frische Weißwein wird aus der Vilanatraube gewonnen.

DIE OSTÄGÄISCHEN INSELN

Samos, Lemnos und Lesbos sind die wichtigsten Weinanbaugebiete der Nordost-Ägäis, wobei nur die ersten beiden ihre Weine auch vermarkten. Auch Chios zählte zu den großen Weinherstellern, bis die Weinberge das traurige Schicksal erlitten, das Victor Hugo so lebendig schilderte.

Aber wenden wir uns einem anderen Dichter – Lord Byron – zu, der das folgende, höchste Lob aussprach „Fülle den Becher mit samischem Wein." Der so bezeichnete, mit der Geschichte der Insel tief verwurzelte, ist der süße Weißwein „Samos", der einzige der Insel Samos, der die Bezeichnung Qualitätswein verdient. Er wird aus der weißen Moscato-

ACHAIA
Sta Helena
APELIA
ROBOLA
CEPHALONIAN
SAN GERASSIMO
1988
PEZA
TSANTALI
IMPERIAL
ACHAIA CLAUSS
MAVRODAPHNE OF PATRAS
CHATEAU MATSA
MAVRODAPHNE OF PATRAS
MUSCAT DE PATRAS
Cambas Impérial
Imiglykos
boutari
NEMEA
1989
BOUTARI
ACHAIA CLAUSS
PATRAS
CAMBAS
Mantinia
ACHAIA CLAUSS
DEMESTICA
ACHAIA CLAUSS
OUZO
AMALIAS
NAOUSSA
boutari
RETSINA
RETSINA
boutari

Amynteon
Naoussa
Côtes de Meliton
Rapsani
Zitsa
Anchialos
CORFU
SKIATHOS
SKOPE
PAXOS
LEFKAS
Vassiliki
ITHACA
CEPHALLONIA
Robola
Muscat
Mavrodaphne
Patra
Demesthika
Patras
Mavrodaphne
Kalavrita
Corinth
Muscat of Patras
PELOPONNESE
ARGOLID
ZAKINTHOS
Muscat of Rion
Nemea
Galata
SPETSAI
Mantineia
Kalamata
MESSINIA
LAKONIA
MANI
Monemvassia
GREECE
& THE ISLANDS

Samothrace
Lemnos
Muscat of Lemnos
LIMNOS
NORTH EASTERN AEGEAN
LESBOS
SKYROS
CHIOS
SAMOS
Samos
ANDROS
IKARIA
TINOS
MYKONOS
DELOS
PATMOS
DODECANESE
Leros
KALYMNOS
SYROS
PARAS
Paros
NAXOS
SERIPHOS
KOS
SIPHNOS
AMORGOS
NISSYROS
SYMI
MILOS
IOS
ASTYPALEA
Kamiros
Rhodes
Muscat of Rhodes
Folegandros
Santorini
ANAFI
SANTORINI
RHODES
KARPATHOS
CRETE
CHANIA
Laki
Rethymnon
Heraklion
Archanes
Knossos
Peza
Vai
Thronos
Amari
Lasithi
Siteia
Fourfouras
Daphnes
Phaistos
Ierapetra

TSANTALIS
MOSCATOS OF LIMNOS
SAMAINA
SAMOS
ΣΑΜΟΣ
Samos
TSANTALIS
SAMOS
CARRAS
ROSÉ SPECIAL
DOMAINE CARRAS
Limnio
DOMAINE de KANTZA
FORIANOS
CARRAS
RESERVE
CÔTES DE MELITON
DOMAINE CARRAS
Meliton
Paros
BOUTARI
KAVARNIS
ACHAIA CLAUSS
Kokineli
Ambelos
DOMAINE CARRAS
ΠΑΡΟΣ
PAROS
GOUMENISSA
boutari
SANTORINI
BOUTARI
ΡΕΤΣΙΝΑ
ΜΕΣΟΓΕΙΩΝ
Belle Hélène
CAVA
Armanti
KOURTAKIS
COUNTRY WINE OF ISLE OF CRETE
Rotonda
Archanes
CRETAN WINES
Armanti

Aspro-Traube gekeltert. Er ist bekannt für seine wunderschöne bernsteinfarbene Tönung und sein weiches, fruchtiges, aber nicht zu süßes Aroma, das gekühlt am besten zur Geltung kommt. Dieser Wein ist der ideale Begleiter zu süßem griechischem Gebäck.

Die Muskatellertrauben werden auf einer Fläche von insgesamt etwa 2.300 Hektar angebaut. Die Weinstöcke wachsen zwischen Karlovassi und Samos auf schmalen Terrassen, die sich vom Meeresspiegel bis in eine Höhe von 800 Metern erheben. Eine Besonderheit dieser Gegend ist die lange Lesezeit – sie beginnt Mitte August und ist oft Ende Oktober noch nicht beendet.

Ich erinnere mich an einen eher bodenständigen samischen Wein, den kräftigen, tief-dunkelroten *mavros*-Wein (mavros bedeutet schwarz und trifft in diesem Fall beinahe zu), der auf einem abgelegenen Bergbauernhof gekeltert und zu verschiedenen deftigen Gerichten – mit Ziegen-, Lamm- und Schweinefleisch – gereicht wurde.

Aber auch Lemnos besitzt einen hervorragenden Qualitätswein, Limnos, der aus der Moscato-Alexandrias-Traube gewonnen wird. Diese Rebe liefert darüber hinaus einen anderen, trockenen und fruchtig-frischen Wein mit einem feinen Muskataroma sowie einen weichen, runden, goldgelben Dessertwein mit einem kräftigen Bukett.

Die Rebsorte Limnia (oder auch Limnio) wird seit Urzeiten auf den Inseln angebaut – sie wurde bereits von keinem geringeren als Aristoteles erwähnt. Aus ihr gewinnt man einen klaren, kräftigen Rotwein, von dem man sagt, er habe die Farbe von heißem Metall, das unter dem Hammer des Hephaistos, dem Gott des Erdfeuers und der Schmiedekunst, erglüht.

EUBÖA UND DIE SPORADEN

Auf den Sporaden Skyros und Skopelos sowie auf Euböa in der Nähe von Chalkis und Karistos gibt es zwar dicht bepflanzte Weinberge, auf denen die Savatianotraube gedeiht, aber die daraus gewonnenen Weine sind selten über die Region hinaus bekannt geworden.

Vielleicht entdecken Sie den einen oder anderen Amateur-Winzer, was durchaus interessant sein kann. Ich erinnere mich an eine heiße und durstige Wanderung von der Hafenstadt Kimi im Osten Euböas zum Kloster Sotiros, das hoch in den Bergen ist. Als wir auf unserem Weg um eine Ecke bogen, sahen wir in einem Garten drei Mitglieder einer griechischen Familie, die im Schatten der Maulbeerbäume rote Trauben in einer Zinkwanne zerstampften. Unser Erscheinen wurde gerne zu einer kleinen Unterbrechung dieser schweißtreibenden Tätigkeit genutzt; wir hielten ein Schwätzchen, tranken gemeinsam eine Kleinigkeit und tanzten schließlich *sirtaki* um die Zinkwanne mit dem vernachlässigten Traubensaft.

KORFU UND DIE IONISCHEN INSELN

Die Ionischen Inseln liegen vor der Küste des griechischen Festlands. Sie erstrecken sich bis kurz vor die albanische Küste und besitzen ein relativ mildes Klima mit viel Regen.

Auf Korfu stellt man gute, trockene Weißweine und kräftige, süße Rotweine her, von denen der schwere rote Ropa vielleicht der bekannteste ist. Daneben gibt es den frischen „grünen" Weißwein Verdea, der auch auf den Nachbarinseln Zakynthos (Zante) und Lefkas gekeltert wird.

In den Weinbergen von Zakynthos werden verschiedene, hauptsächlich weiße Rebsorten angebaut, während man auf Lefkas große Flächen der terrassenförmig angelegten steilen Weinberge und der sanft ansteigenden Weingärten mit der roten Vertzami-Traube bepflanzt hat. Aus dieser Traube wird der kräftige Santa Mavra gewonnen (*mavra* bedeutet, genau wie *mavros*, schwarz), der Stolz der ganzen Insel. Die Griechen trinken ihn – Weinfreunde aufgepaßt! – zu allem, angefangen beim Lamm vom Grill und bis hin zum fritierten Fisch.

Die Insel Kephallinia besitzt ein ähnliches Klima wie der benachbarte Peloponnes, und sie kann ebenfalls einige Qualitätsweine aufweisen. Aus der weißen Robolatraube, die nur in den gebirgigen Teilen der Insel gedeiht, wird der fein-würzige, fruchtige Weißwein Robola Kephalonia gekeltert. Bei den beiden anderen Qualitätsweinen handelt es sich um die Dessertweine Moskatos Kephalonia und Mavrodaphne Kephalonia. Den letzteren gewinnt man aus der dunkelroten Mavrodaphnetraube, die auch in Achaia gut gedeiht.

Käse

Die meisten griechischen Käsesorten werden aus Schaf- oder Ziegenmilch hergestellt – was bei den zahlreichen Ziegenherden, die sich in den Bergen tummeln, und den vielen Schafherden in den Obstgärten nicht weiter verwundert.

Die Inselbewohner fertigen ihren Käse noch sehr häufig selbst, obwohl es natürlich auch einige Molkereien gibt, die den Käse zwar nach traditionellen Rezepten, jedoch mit weniger zeitaufwendigen Methoden und technisch besserer Ausstattung herstellen.

Vielleicht schmeckt Ihnen ja eine Scheibe selbstgemachter *mizithra*-Käse am besten, der mit einem Baumwollfaden abgeschnitten und Ihnen in einem kleinen Garten mit einem Tropfen *siropi*, Honig oder einem Brot mit Zimt- und Orangenstückchen – einer kretischen Spezialität – gereicht wird. Möglicherweise bevorzugen Sie aber auch eine Scheibe *feta*-Käse – frisch vom Stück geschnitten, mit Olivenöl beträufelt und wilden Thymianblüten bestreut und mit einem *ouzo* und einer Schale Oliven serviert.

FETA
Der *feta*-Käse zählt wahrscheinlich zu den bekanntesten griechischen Käsesorten; er ist weich, weiß und krümelig und besitzt ein ausgeprägtes Aroma. Man gewinnt ihn aus Schafmilch, die durch den Zusatz eines Koagulans, beispielsweise Buttermilch oder Käselab, gerinnt und die man dann so lange auspreßt, bis nur noch der feste Käse übrigbleibt. Anschließend wird der *feta*-Käse gesalzen und in Holzfässer oder große, rechteckige Blechdosen gepackt, die mit Molke gefüllt sind. *feta*-Käse ist ein wichtiger Bestandteil des griechischen Bauernsalates, er wird aber auch gerne als Vorspeise oder Zwischenmahlzeit gereicht.

MIZITHRA
Auch diesen weichen Frischkäse stellen die griechischen Bauern noch selbst her. Schaf- oder Ziegenmilch wird aufgekocht, mit Wasser oder Molke verdünnt und mit Zitronensaft, Käselab oder dem milchigen Saft des Feigenbaums dickgelegt. Bei der letzteren, jahrhundertealten Methode rührt man dazu die Flüssigkeit mit einem eingeritzten Feigenbaumzweig um. Auf Kreta wird der Käse über Nacht in blumentopfförmigen Körbchen zum Abtropfen aufgehängt, die mit einem Käsetuch ausgelegt sind, und man serviert ihn zu jeder Mahlzeit. Ich erinnere mich besonders gerne an einen Pfannkuchen, den wir im Hause eines Priesters bekamen. Diese halbrunden Pfannkuchen wurden großzügig mit *mizithra*-Käse und Kräutern gefüllt, in Öl gebacken, mit Zucker und Zimt bestreut und kalt serviert.

ANTHOTIROS
Bei dieser kretischen Spezialität handelt es sich um einen weichen, ungesalzenen Ziegenkäse mit sehr mildem Aroma, das durch ein paar Tropfen Honig noch verbessert werden kann.

GRAVIERA
Dieser Hartkäse, der dem Gruyère ähnelt, eignet sich hervorragend zum Fritieren und wird gerne als *saganaki* gereicht.

KEFALOTIRI
Der Name des *kefalotiri* stammt von seiner großen, runden Form, die an einen *kefalo*, einen Hut erinnert. Dieser sehr harte und sehr salzige Käse ist das griechische Gegenstück zum Parmesan; er besitzt eine zähe Rinde und wird in der Küche häufig gerieben verwendet, aber auch als *saganaki* serviert. Der *pinthos* zählt ebenfalls zur Gruppe der *kefalotiri*-Käse.

KASERI
Dieser mittelharte Käse hat ein mildes Aroma und eignet sich gut zum Überbacken, Braten oder zum Abschmecken von Saucen.

KOPANISTI
Edelschimmelkäse erfreuen sich in Griechenland keiner großen Beliebtheit, daher ist der *kopanisti* eine echte Rarität. Er wird aus gereiftem *feta*-Käse, der bereits einen Schimmelbelag aufweist, gewonnen. Dazu arbeitet man den Schimmel in den Käse ein, wodurch dieser sein scharfes, pfefferartiges Aroma erhält.

PSILOTIRI
Diese Käsespezialität Kretas ist unter Kennern sehr beliebt und wird nur aus der Milch von Ziegen hergestellt, die im Hochgebirge gegrast haben (*psilo* bedeutet hoch). Man reicht den harten, kräftig-aromatischen Käse zwischen den Gängen einer Mahlzeit, um den Gaumen für den nächsten Gang freizumachen.

Glossar

Der Peloponnes und der Saronische Golf

Deftige Bohnensuppe	*Φασόλια σούπα*
Tintenfisch in Rotwein	*Χταπόδι κρασάτο*
Gefüllte Weinblätter	*Ντολμαδάκια με ρύζι*
Languste in Zitronen-Öl-Dressing	*Αστακός με σάλτσα λαδολέμονο*
Lammfleisch mit Zitrone	*Αρνί λεμονάτο*
Rotbarbe mit Eier-Zitronen-Sauce	*Μπαρμπούνια αυγολέμονο*
Meerbrasse aus dem Backofen	*Συναγρίδα στο φούρνο*
Gegrilltes Huhn mit Pistazien	*Κοτόπουλο γεμιστό με φιστίκια*
Wurst- und Paprikatopf	*Σπετζοφάϊ*
Honigkrapfen mit Zitronensirup	*Λουκουμάδες με σιρόπι*
Aprikosencreme	*Βερίκοκκο γλυκό*

Die Kykladen

Fava aus gelben Erbsen	*Φάβα*
Fischsuppe	*Κακαβιά*
Zucchiniblüten im Ausbackteig	*Τηγανητά άνθη κολοκυθιάς*
Käsetaschen	*Τυρόπιττες*
Austern aus dem Backofen	*Στρείδια στο φούρνο*
Kartoffel-Würstchen-Omelett	*Ομελέτα με πατάτες*
Bohnenauflauf mit Ziegenfleisch	*Κατσικάκι και φασόλια γιουβέτσι*
Hasenstifado	*Λαγός στιφάδο*
Käsekuchen mit Honig	*Κυθνόπιττα*
Halva mit Pistazien	*Χαλβάς με φιστίκια*
Reispudding	*Ρυζόγαλο*

Der Dodekanes

Krebse aus dem Backofen	*Κάβουρας στο φούρνο*
Garnelen in Weinsauce	*Γαρίδες κρασάτες*
Thunfisch in Knoblauchsauce	*Τόννος με σκορδαλιά*
Muschelpilaw	*Μύδια πιλάφι*
Lammbraten mit Quitten	*Αρνί ψητό με κυδώνια*
Lamm mit grünem Salat	*Αρνί με μαρούλια*
Huhn mit Oliven	*Κοτόπουλο με ελιές*
Kalbsragout	*Μοσχαράκι στιφάδο*
Rebhuhn mit Spaghetti	*Πέρδικες με σπαγέτο*
Granatäpfel à la Rhodos	*Ρόδια σε σιρόπι*
Aprikosenmarmelade	*Βερίκοκκο γλυκό*
Quittenpaste	*Κυδωνόπαστο*

Kreta

Eingelegte Artischockenböden	*Αγκινάρες τουρσί*
Garnelen-Pfannkuchen	*Κροκέττες με γαρίδες*
Fisch aus dem Weinberg	*Ψάρι με σταφύλια*
Obstplatte	*Φρούτα της Κρήτης*
Tintenfisch à la Rethimnon	*Καλαμαράκια Ρεθύμνου*
Lammkoteletts im Papiermantel	*Αρνίσια παϊδάκια στο χαρτί*
Schweinefleisch mit Knollensellerie	*Χοιρινό με σελινόριζες αυγολέμ*
Huhn mit Feta-Käse	*Κοτόπουλο με φέτα*
Kaninchen à la Knossos	*Κουνέλι Κνωσσού*
Gemüse mit Eier-Zitronen-Sauce	*Λαχανικά ανάμικτα αυγολέμονο*
Okra in Tomatensauce	*Μπάμιες με σάλτσα ντομάτας*
Wildes Gemüse	*Χόρτα ανάμικτα*
Pochierte Äpfel	*Μήλα κρασάτα*
Katerinas Schokoladenkuchen	*Κέικ σοκολάτας της Κατερίνας*

Die Ostägäischen Inseln

Gefüllte Zucchiniblüten	*Γεμιστά άνφη κολοκυφιάς*
Gebackener Käse	*Σαγανάκι*
Sardinen-Omelett	*Ομελέτα με σαρδέλλες*
Fritierte Kalamari mit Knoblauchsauce	*Καλαμαράκια τηγανητά με σκορδαλιά*
Steak mit Thymian	*Φιλέτο με θυμάρι*
Fisch mit Mayonnaise	*Ψάρι με μαγιονέζα*
Kalbfleischbällchen à la Lemnos	*Μοσχαράκι Λήμνου*
Kalbsgulasch mit Zucchini	*Μοσχάρι με κολοκυθάκια*
Makkaroniauflauf	*Παστίτσιο*
Kastanienberge	*Γλύκισμα με κάστανα*
Mandelbirnen	*Αμυγδαλωτά*
Honigbonbons mit Sesamkörnern	*Παστέλι*

Euböa und die Sporaden

Eingelegter Tintenfisch	*Χταπόδι τουρσί*
Fischrogenrollen	*Ταραμοκεφτέδες*
Stockfisch mit Zucchini	*Μπακαλιάρος με κολοκυθάκια*
Aalsuppe	*Χέλι σούπα*
Fritierter Fisch mit Tomatensauce	*Ψάρια τηγανητά με σάλτσα ντομάτας*
Schweinekoteletts mit Backpflaumen	*Χοιρινές ηπριζόλες με δαμάσκηνα*
Gefüllte Auberginen	*Μελιτζάνες γεμιστές*
Huhn mit Zimt	*Κοτόπουλο με κανέλλα*
Puddingteilchen	*Μπουγάτσες*
Spinatpitta	*Σπανακόπιττα*
Osterbrot	*Τσουρέκι*
Feigen-Walnuß-Dessert	*Σύκα και καρύδια σε σιρόπι*

Korfu und die Ionischen Inseln

Kichererbsenpüree	*Χούμους*
Gegrillter Fisch mit Knoblauchsauce	*Ψάρι με σκορδαλιά και αμύγδαλα*
Fischspießchen	*Σουβλάκια ψαριού*
Lammkeule mit Nudeln	*Γιουβέτσι*
Rindfleisch-Stifado	*Στιφάδο*
Huhn mit Walnußsauce	*Κοτόπουλο με σάλτσα καρυδιού*
Milchtorte	*Γαλακτομπούρεκο*
Erdbeeren in Ouzo	*Φράουλες με ούζο*
Quitten aus dem Backofen	*Κυδώνια στο φούρνο*
Walnußbiskuits	*Κουραμπιέδες*
Eingelegte Kumquats	*Κουμκουάτ κουταλιού*
Traubensaft-Dessert	*Μουσταλευριά*

Danksagungen

Ich würde gerne meinem Mann Douglas und unserem Freund Eric Bruton danken, die so viele der Erfahrungen auf den griechischen Inseln mit mir geteilt haben; ich danke Evdokia Savani für ihre peinlich genaue Korrektur und ihren freundlichen Rat; und mein Dank gilt allen Menschen auf den Inseln, die so großzügig ihre traditionellen Rezepte und sogar ihre Familiengeheimnisse mit mir teilten.

Die Herausgeber möchten den folgenden Fotografen und Organisationen für die freundliche Erlaubnis zur Veröffentlichung der Fotografien in diesem Buch danken:

M. Couch 2–3, 6, 91 unten, 130, 138–139; Frank Lane Picture Agency 94; Michael Clark, 131 oben B. Borrell; Griechische Zentrale für Fremdenverkehr 10 und 11 N. Kontos, 18, 22, 23, 26, 27, 34–35 Y. Yiannopoulos, 39 E. Hard, 43, 50, 54 Randa Bishop, 54 unten, 55, 59, 63, 70–71, 74 Y. Scouroyannis, 75, 79, 82, 83 Y. Scouroyannis, 90, 91 oben, 95 A. Sofianopoulos, 102 oben N. Kontos, 102 unten, 106–107, 119 oben E. Pap, 126. Douglas Westland 7, 39 unten, 42, 62.

Besondere Fotografien von Derek St. Romaine © 14–15, 19, 30–31, 38, 46–47, 51, 58, 66–67, 78, 86–87, 98–99, 103, 110, 111, 114–115, 118, 119 unten, 122, 123, 127.

Randzeichnungen, Farbillustrationen und Landkarte von The Alternative Design Company, Devon.

Vielen Dank an:
Aristides Makris, Achaia Clauss S.A.; G. Zagrofistos, Archanes Wein, Kreta; Leoni Sion, John Boutari & Son S.A.; Andrew Cambas, Cambas S.A.; Nikos Fragoulis und Familie, Paros; Graham L. Blake, D. Kourtakis S.A.; Nikos Kostopoulos und Aliki Katselis von der Griechischen Zentrale für Fremdenverkehr; J. Petridis, PLT (UK) Limited; Colin Deane, Porto Carras S.A.; T. und R. Adameos, Souvlia.

Deutsches Rezeptverzeichnis

A
Aalsuppe 100
Aprikosencreme 25
Aprikosenmarmelade 57
Ausgebackene Zucchiniblüten 32

B
Bohnenauflauf mit Ziegenfleisch 36

D
Deftige Bohnensuppe 12

E
Eingelegte Artischockenherzen 60
Eingelegte Kumquats 125
Erbspüree 28
Erdbeeren in Ouzo 120

F
Feigen mit Walnüssen 109
Filloteig 121
Fischrogenrollen 96
Fischspießchen 114
Fischsuppe 28, *30/31*
Fisch mit Mayonnaise *78*, 84
Fisch nach Winzer Art 64
Fritierter Fisch mit Tomatensauce 100
Fritierte Kalamari mit Knoblauchsauce 82

G
Garnelen-Pfannkuchen 61
Garnelen in Weinsauce 44
Gebackene Austern 33
Gebackener Käse 80
Gefüllte Auberginen *101*, 102
Gefüllte Weinblätter 13, *14/15*
Gefüllte Zucchiniblüten 80
Gegrillter Fisch mit Knoblauchsauce 112
Gegrilltes Huhn mit Pistazien 20
Gemüse mit Ei-Zitronen-Sauce 73
Granatäpfel à la Rhodos 53

H
Hähnchenbrust mit *feta*-Käse 69
Halva mit Pistazien 40
Hasenstifado 37, *38*
Honigbonbons mit Sesamkörnern 92
Honigkrapfen mit Zitronensirup 24
Huhn mit Oliven 50
Huhn mit Walnußsauce 117
Huhn mit Zimt 104

K
Kalbfleischbällchen à la Lemnos 88
Kalbsgulasch mit Zucchini 88
Kalbsragout 52
Kaninchen à la Knossos 72
Kartoffel-Würstchen-Omelett 36
Käsepastete mit Honig 40
Käsetaschen 32
Kastanienberge 92
Katerinas Schokoladenkuchen 77
Kichererbsenpüree 112
Krebse aus dem Backofen 44

L
Lamm-Makkaroni-Auflauf 89
Lammbraten mit Quitten 48
Lammkeule mit Nudeln 116
Lammkoteletts im Papiermantel *66/67*, 68
Lamm mit Römischem Salat 48
Lammfleisch mit Zitrone 16
Languste in Zitronen-Öl-Dressing 16

M
Mandelbirnen 92
Meerbrasse aus dem Backofen *18*, 20
Muschelpilaw 47

O
Obstplatte 64
Okra in Tomatensauce 76
Osterbrot 108

P
Pochierte Äpfel 77
Puddingtörtchen 104

Q
Quittenpaste 57
Quitten aus dem Backofen 122

R
Rebhuhn mit Spaghetti 52
Reispudding 41
Rindfleisch-Stifado 116
Rotbarbe mit Ei-Zitronen-Sauce 17

S
Sardinen-Omelett 81
Schweinefleisch mit Knollensellerie 68
Schweinekoteletts mit Backpflaumen 101
Spinatpitta 108
Steak mit Thymian 84
Stockfisch mit Zucchini 98

T
Thunfisch in Knoblauchsauce 45
Tintenfisch à la Rethimnon 65
Tintenfisch in Rotwein 12
Tintenfisch in Rotweinessig 96
Torte mit Cremefüllung 120
Traubensaft-Dessert 125

W
Walnußbiskuits 124
Wildes Gemüse 76
Wurst- und Paprikatopf 24

Griechisches Rezeptverzeichnis

A
Aginares toursi 60
Amigdalota 92
Arni lemonato 16
Arni me maroulia 48
Arnisia paidakia sto charti 68
Arni psito me kidonia 48
Astakos me saltsa tomatas 76

B
Bakalarios me kolokithakia 98
Bamies me saltsa tomatas 76
Barbounia avgolemono 17
Bougatses 104

C
Chalvas me fistikia 40
Cheli soupa 100
Chirines brizoles me damaskina 101
Chirino me selinorizes avgolemono 68
Chorta anamikta 76
Chtapodi krasato 12
Chtapodi toursi 96

D
Dolmadakia me rizi 13

F
Fasolia soupa 12
Fava 28

Fileto me thimari 84
Fraoules me ouzo 120
Froutalia 36
Frouta tis Kritis 64

G
Galaktoboureko 120
Garides krasates 44
Glikisma me kastana 92

H
Hummus 112

K
Kakavia 28
Kalamarakia Rethymnou 65
Kalamarakia tiganita me skordalia 82
Katsikaki ke fasolia yiouvetsi 36
Kavouras sto fourno 44
Keik sokolatas tis Katerinas 77
Kithnopitta 40
Kidonia sto fourno 122
Kotopoulo me elies 50
Kotopoulo me feta 69
Kotopoulo me kanella 104
Kotopoulo me saltsa karidiou 117
Kotopoulo yemisto me fistikia 20
Kouneli Knossou 72
Kourabiedes 124
Krokettes me garides 61
Kumkuat koutaliou 125
Kidonopasto 57

L
Lachanika anamikta avgolemono 73
Lagos stifado 37
Loukoumades me siropi 24

M
Melitzanes yemistes 102
Midia pilafi 47
Mila krasata 77
Moscharaki stifado 52
Moscharaki Limnou 88
Moschari me kolokithakia 88
Moustalevria 125

O
Omeleta me sardelles 81

P
Pasteli 92
Pastitsio 89
Perdikes me makaronia 52
Psari me mayioneza 84
Psari me skordalia ke amigdala 112
Psari me stafilia 64
Psaria tiganita me saltsa tomatas 100

R
Rizogalo 41
Rodia se siropi 53

S
Saganaki 80
Sika ke karidia se siropi 109
Souvlakia psariou 114
Spanakopitta 108
Spetzofai 24
Stifado 116
Stridia sto fourno 33
Sinagrida sto fourno 20

T
Taramokeftedes 96
Tiganita anthi kolokithias 32
Tiropittes 32
Tonnos me skordalia 45
Tsoureki 108

V
Verikoko gliko 25
Verikoko gliko 57

Y
Yemista anthi kolokithias 80
Yiouvetsi 116

Weine

A
Achaia Clauss 132
Aidani 132
Amorgiano 133
Archanes 133
Assirtiko 132
Athiri 133

B
Bon Viveur 132

C
Cava Clauss 132
Chateau Clauss 132

D
Danielis 132
Daphnes-Qualitätswein 133

K
Kotsifali 133

L
Ladikino 133
liastros 132
Liatiko 133
Limnia 136
Limnos 136

M
Malvasia 133
Malvoisie 133
Mandilaria 133
Mavradaphne 136
Mavrodaphne Kephalonia 136
mavros 136
Monemvasia 132
Moskatos Rhodos 133
Moskato 133
Moskato-Alexandrias 136
Moskato-Aspro 133
Moskato-Trani 133
Moskatos Kephalonia 136

N
Nemea 132

P
Patras 132
Peza 133

R
Retsina 130
Retsina Boutari 131
Retsina Liokri 132
Robola Kephalonia 136
Romeiko 133
Ropa 136

S
Samos 133
Santa Helena 132
Santa Mavra 136
Santorini Boutari 132
Savatiano 136

V
Verdea 136

Ortsregister

A
Achaia 129, 136
Agios Ioannis 59
Agia Galini 69
Agia Trias 59, 64
Ägina 12, 18, 20, 21
Alonissos 95, 100, *102*, 108
Amari-Tal 59, 69, 73
Amarinthos 96
Amorgos 37, 113
Anafi 41
Andros 36, 129
Apollonia 27, 32
Argolis 25
Asfendiou 50
Asklepion 48
Astipaläa (Ichthyoessa) 44, *54*
Athos 129

B
Bassai 12

C
Chalkis 136
Chania *59*, 133
Chios 79, *79*, 82, *82*, 133
Chivadolimni 33
Chora 52, 96, 104

D
Daphnes 133
Diafani 44
Diktäo 50
Dionysias 92
Dodekanes 43 *ff.*

E
Ermioni 21
Ermoupolis 40
Euböa 95 *ff.*, 100, 129, 136

F
Fourfouras 60

G
Galata 24
Gortyn 133

H
Hydra 12, 16, 21

I
Ierapetra 61
Ikaria 79, 80, 92
Ionische Inseln 111 *ff.*, 136
Iraklion 59, 133
Ithaka 112, 125

K
Kalamata 24, 49
Kalavrita 16
Kali Limni 43
Kalymnos 44, 47, *50*, *54*, *63*
Kamiros 53
Karistos 136
Karlovassi 136
Karpathos 43, 48, *50*, 57
Kastro 27
Kephallinia 112, 116, 129, 136
Kerkira 121, 127, *127*
Kimi 136
Kithnos 40
Klima 33
Knossos 133
Kokkari 80
Korfu 49, 65, 85, 105, 111 *ff.*, 129, 136
Korinth 7, 12, 13, 132
Kos 44, 48, 50
Kreta 59 *ff.*, 129, 133
Kykladen 27 *ff.*

L
Lachanes 65
Laki 65
Lakonia 17
Lasithi-Ebene 59, 133
Lefkas 112, 129, 136
Lemnos 79, 84, 88, 93, 133, 136
Lesbos 79, 81, 84, 133
Liapades 111

M
Mani 11, 18
Messenia 11, 12, 24, 132
Metsa *79*
Milos 33
Monemvasia 11, 17

N
Naoussa 28
Nisyros 44, 52

O
Ochthonia 95, 109
Olimbos 44
Ostägäische Inseln 79 *ff.*

P
Paleokastritsa 120
Paralia Kimni 95
Parikia 7
Paros 7, 28, 39, 129, 132
Patmos 52, *54*
Patras 132
Paxi 112
Peloponnes 11 *ff.*, 105, 129
Petaloudes 53
Phaistos 59, 64, *75*, 133
Pigadia 44
Piles 57
Plakias *69*
Plomari 79
Poros 12, 24

R
Rethimnon *63*, 65, 77
Rhodos 7, 43, 45, 57, 129, 133

S
Salamis 12
Samaria 65
Samos 49, 79, 80, 88, *91*, 129, 133, 136
Samothraki 79
Santorin (Thira) 28, 39, 41, 129, 132
Sifnos 27, 32, 36
Simi 44
Siros 40
Sitia 133
Skiathos 96, 102
Skopelos 95, 101, *108*, 136
Skyros 95, 96, 104, 108, 129, 136
Sotiros, Kloster 136
Sparta 105
Spetsä (Spetsai) 12, 20
Spianada 127
Sporaden 49, 95 *ff.*

T
Thasos 49, 79, 80, 89, 92, 129
Thronos 73
Tilissos 59

V
Vai 77
Valanion 111
Vasiliki 112

Z
Zakynthos (Zante) 112, 117, 129, 136